Burkhard von Freyberg • Axel Gruner • Manuel Hübschmann

Nachhaltigkeit als
Erfolgsfaktor in Hotellerie
& Gastronomie

BURKHARD VON FREYBERG · AXEL GRUNER · MANUEL HÜBSCHMANN

Nachhaltigkeit als Erfolgsfaktor IN HOTELLERIE & GASTRONOMIE

MATTHAES VERLAG GMBH

Ein Unternehmen der dfv Mediengruppe

Inhalt

GRUSSWORT

Für mich ist es eine große persönliche Befriedigung, ein Hotel oder ein Restaurant nachhaltig zu betreiben!

Manchmal können wir den Begriff Nachhaltigkeit nicht mehr hören, so oft wird er benutzt, aber es ist das gute, gängige und kurze Wort für einen enkelgerechten Umgang mit unserer Welt. Der Begriff kommt aus der Waldwirtschaft, in der wir verhältnismäßig kurzlebigen Menschen – verglichen mit einem Baum – nicht umhin können, in Generationen zu denken und zu handeln. Hanns Carl von Carlowitz, ein zu Berühmtheit gelangter preußischer Bergrat und Oberberghauptmann des Erzgebirges, forderte in seinem Werk »Silviculture oeconomica« aus dem Jahre 1713, dass nicht mehr Holz geschlagen werden dürfe, als nachwachse, »daß es eine continuirliche beständige und nachhaltende Nutzung gebe, weiln es eine unentbehrliche Sache ist, ohne welche das Land in seinem Esse nicht bleiben mag.«

Vieles, was wir in unseren Hotels und Restaurants tun, hat etwas mit Essen zu tun, denn wir essen dreimal am Tag und unser ganzes Leben lang. Die Art und Weise der weltweiten Nahrungsproduktion bestimmt, wie unser Land optisch aussieht, aber auch ganz stark, ob der Boden lebendig ist und genug lebendige Lebens-Mittel hervorbringen kann oder ob er durch heftige nicht-nachhaltige agroindustrielle Methoden schon tot ist. Von der Permakultur, der Lehre der Low-input-high-output-Landwirtschaft, wenn man so will, kann man viel über Nachhaltigkeit lernen. Heute werden durch die globalisierte Lebensmittelproduktion vom Saatgut bis zum Teller zehn Teile Energie eingesetzt, um am Ende eine Einheit Energie auf unserem Löffel zu haben. Dieses Verhältnis verschlimmert sich immer weiter, sodass man sich fragt, ob wir uns diesen massiven Energieaufwand für Riesentraktoren, Dünge- und Spritzmittel, Transport, Lagerung, Kühlung und überbordende Verpackung in Zukunft noch leisten können, anstatt zurück zur Natur zu gehen: saisonal essen, lokal einkaufen, ohne Verpackung, frisch vom Acker, im Winter eingemacht, im Keller gelagert. Manche wollen uns einreden, das sei nicht modern. Ich sage: Moderner geht's nicht!

Wir finden viele sachliche und drängende Gründe für mehr Nachhaltigkeit in unseren Unternehmen. Nachhaltigkeit muss Ihnen aber als Inhaber oder Mitarbeiter vor allem Spaß machen, Sie begeistern und tief befriedigen. Denn etwas, was man nur aus ökonomischem Kalkül macht, als »Nachhaltigkeitsstrategie«, wird nicht von Dauer sein, nachhaltig sein, weil man es nicht glaubhaft kommunizieren kann. Sie müssen richtig Spaß daran haben, weniger Müll zu produzieren! Es wird Sie innerlich, nicht nur ökonomisch freuen, wenn Ihre Stromrechnung von Jahr zu Jahr sinkt! Es muss Sie jeden Morgen zum Schmunzeln bringen, dass Sie einen Biobauern als Partner haben, der den Boden nachhaltig schützt, die Tiere anständig behandelt und für mehr Artenvielfalt statt Monokultur sorgt und der Ihnen täglich tropffrisches Gemüse und wöchentlich gesunde Hähnchen liefert. Erst wenn Sie dies jeden Tag aus vollem Herzen vor Ihren Gästen und Mitarbeitern ganz laut ausrufen, haben Sie es geschafft! Dann werden auch Ihre Gäste aus vollem Herzen sagen: Ja!

GEORG SCHWEISFURTH, basic-Bio-Supermarkt-Gründer und Bio-Hotelier im Veranstaltungshotel **Gut Sonnenhausen** bei München, Metzger und Volkswirt

VORWORT

Die Erwartungen von Gästen, Investoren und Öffentlichkeit an das Verantwortungs-bewusstsein von Hoteliers und Gastronomen steigen. Die Gastgeber sehen sich deshalb zunehmend in der Pflicht, nachhaltiger zu wirtschaften, ihr gesellschaftliches und ökologisches Engagement zu dokumentieren sowie diese Aktivitäten nach außen zu kommunizieren.

Jedes Handeln der Gastgeber und Gäste beeinflusst die derzeitigen sowie zukünftigen sozialen, umweltbezogenen und nicht zuletzt monetären Rahmenbedingungen unseres Umfelds. Insbesondere nachfolgende Fragen beschäftigen die gastgewerblichen Unternehmer hinsichtlich des Nachhaltigkeitsaspekts:

Bringt das Investment in Nachhaltigkeit einen Return on Investment?

Werde ich meiner Verantwortung für die Gesellschaft und nachfolgende Generationen gerecht?

Würdigt der Gast das Engagement und ist er bereit, die eventuellen Mehrkosten mitzutragen?

Was ist für den eigenen Betrieb die passende Nachhaltigkeitsstrategie?

Welche Maßnahmen sind für den jeweiligen gastgewerblichen Betriebstyp geeignet, welche nicht?

Ein Blick auf den Hotel- und Gastronomiemarkt zeigt, dass »Nachhaltigkeit« keine Modeerscheinung ist, sondern mittlerweile nicht nur bei Betrieben mit Konzernstruktur in unterschiedlich starken Ausprägungen zum Unternehmenskonzept gehört.

In diesem Buch wollen wir der Frage nachgehen, was Nachhaltigkeit im Gastgewerbe bedeutet, welche erfolgversprechenden Strategien existieren und welche Werkzeuge beispielsweise bei der Zertifizierung sowie im Einkaufs-, Energie- und Personalmanagement eingesetzt werden können.

München, im November 2014

Burkhard von Freyberg   Axel Gruner   Manuel Hübschmann

Crosby Street Hotel – Grüne Insel mit Persönlichkeit:
Für eine Vielzahl von nachhaltigen Ansätzen wurde das Hotel
mit der LEED® Gold Zertifizierung ausgezeichnet.
Das Crosby Street Hotel ist Mitglied der Design Hotels™.

1

Was bedeutet Nachhaltigkeit in der Hotellerie und Gastronomie?

Gäste, Investoren und Öffentlichkeit erwarten von Hoteliers und Gastronomen zunehmend einen verantwortungsvollen Umgang mit den Produktionsfaktoren. Immer mehr Gastgeber sehen sich deshalb in der Pflicht, nachhaltiger zu wirtschaften, ihr gesellschaftliches und ökologisches Engagement zu dokumentieren sowie diese Aktivitäten nach außen zu kommunizieren.

Jedes Handeln der Gastgeber und Gäste beeinflusst die derzeitigen sowie zukünftigen sozialen, umweltbezogenen und nicht zuletzt monetären Rahmenbedingungen unseres Umfelds. Die Frage ist, ob das Bewusstsein für ein nachhaltiges Agieren bei den Akteuren bereits vorhanden ist oder sich entwickeln lässt.

>> *Stell dir vor, du entdeckst eines Tages auf deinem Gartenteich eine Seerose. Du freust dich an ihrer wunderbar zarten Blütenpracht, weißt andererseits, dass diese Pflanze stark wuchert und ihre Blattfläche jeden Tag verdoppelt. Wenn sie ungehindert wächst, werden ihre Schwimmblätter eines Tages den gesamten Teich bedecken. Dann werden sie in kurzer Zeit alle anderen Lebensformen ersticken. Die Seerose scheint freilich in den folgenden Tagen und Wochen ziemlich zierlich und harmlos zu bleiben. Du machst dir keine großen Sorgen. Im Gegenteil, du freust dich an ihrer wachsenden Pracht. Am 29. Tag stellst du plötzlich fest, dass ihre Blätter die Wasserfläche des Teiches zur Hälfte bedecken. Wie viel Zeit bleibt dir noch, um den Teich zu retten?* <<

Mit der Seerosen-Metapher veranschaulichten Dennis Meadows und sein Forscherteam schon im Jahr 1972 das Problem der heutigen ressourcen- sowie emissionsintensiven Industriegesellschaft, die sich wie eine Seerose exponentiell oder gar super-exponentiell entwickelt. (Meadows et al. 1972, S. 20ff)

Die Enquête-Kommission zum »Schutz des Menschen und der Umwelt« bildete 1994 die Erkenntnisse in einem »magischen Dreieck« ab, das besagt, dass eine Entwicklung nur dann nachhaltig sei, wenn Umwelt, Soziales und Ökonomie gleichrangig sind und in systematischer Weise miteinander verknüpft werden.

Das Wort Nachhaltigkeit beschreibt somit die besondere Rolle des Gastgebers hinsichtlich ökonomischer, ökologischer und sozialer Ziele.

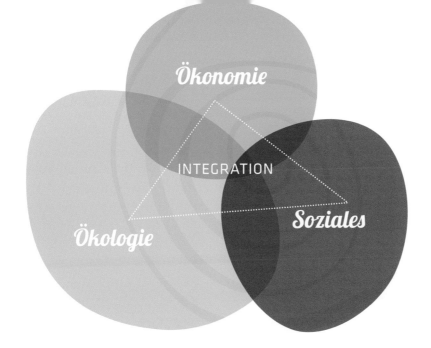

ÖKONOMISCHE NACHHALTIGKEIT

> **»**Ökonomische Nachhaltigkeit beschreibt die betriebswirtschaftliche Nutzung eines Systems im Sinne einer Organisation oder eines Unternehmens in einer Weise, dass dieses in seinen wesentlichen Eigenschaften dauerhaft erhalten bleibt und sein wirtschaftlicher Fortbestand so gesichert ist. **«**

(Pufé 2012, S. 56)

Die Wirtschaft sollte folglich umwelt- und sozialverträglich sein und Wohlstand nicht allein durch Wachstum und Besitzmehrung erreicht werden, sondern vielmehr die Lebensqualität im Vordergrund stehen.

Insbesondere drei Fragen beschäftigen gastgewerbliche Unternehmer hinsichtlich des ökonomischen Nachhaltigkeitsaspekts:

1. Bringt das Investment in Nachhaltigkeit und Verantwortung gegenüber der Gesellschaft einen Return on Investment?

2. Ist der Gast bereit, die eventuellen Mehrkosten mitzutragen?

3. Woher erhalte ich das Kapital für einen ganzheitlichen Ansatz inklusive der korrespondierenden Maßnahmen?

Als Ergebnis dieser Unsicherheit sind vor allem kleine und mittelständische Gastgeber noch nicht bereit, das Thema Nachhaltigkeit strategisch anzugehen oder, noch umfassender, CSR[1] Maßnahmen in ihrer Unternehmenspolitik zu verankern.

Ein Blick auf den Hotelmarkt zeigt, dass »Nachhaltigkeit« keine Modeerscheinung ist, sondern mittlerweile vor allem in Hotelkonzernen mit unterschiedlich starken Ausprägungen zum Unternehmenskonzept gehört. Als eine der ersten Hotelgesellschaften führte die Rezidor Hotel Group eine Responsible-Business-Politik ein und veröffentlicht seitdem jährlich einen Nachhaltigkeitsbericht über ihre Aktivitäten hinsichtlich eines verantwortungsvollen Umgangs mit der Umwelt. (Herzog et al. 2013, S. 161) Die Hilton Hotels installierten im Jahr 2006 ihr Programm »We care«. Es wurde das Ziel ausgegeben, in den kom-

[1] CSR steht für Corporate Social Responsibility und damit die Verantwortung der Unternehmen für ihre Auswirkungen auf die Gesellschaft und Umwelt. Dazu müssen die Unternehmen – über die gesetzlichen Vorgaben hinaus – in ihrem Kerngeschäft soziale und ökologische Anforderungen erfüllen.

»74 Prozent der Deutschen würden der
Umwelt zuliebe freiwillig Einschränkungen
hinnehmen, und 70 Prozent würden laut
der Studie einen Aufpreis zahlen.«

menden fünf Jahren bei allen Hilton Hotels weltweit die Energie, den CO_2-Ausstoß sowie den Abfall um 20 Prozent zu senken. Gleichzeitig sollte der Wasserverbrauch um 10 Prozent reduziert werden.

(www.ahgz.de/regional)

Starwood setzt sich seit dem Jahr 2008 intensiv dafür ein, weniger zu verbrauchen und die Umwelt zu schützen. Die Umweltrichtlinie ist auf sechs Wachstumsbereiche ausgelegt; der Schwerpunkt liegt weltweit auf Energie und Wasser. Ziel ist, bis 2020 den Energieverbrauch um 30 Prozent und den Wasserverbrauch um 20 Prozent zu senken.

(www.starwoodhotels.com)

ACCOR folgte im April 2012 mit dem weltumfassenden Programm »Planet 21«. Der Strategie des französischen Hotelkonzerns gingen zwei Studien voraus, deren Ergebnisse teils zu überraschenden Erkenntnissen führten:

Das französische Marktforschungsinstitut IFOP befragte im Jahr 2010 nahezu 7.000 Hotelgäste in sechs Kernmärkten von ACCOR – Australien, Brasilien, China, Frankreich, Deutschland und Großbritannien – hinsichtlich der »Öko-Erwartungen« an ein Hotel. Das Resultat: 74 Prozent der Deutschen würden der Umwelt zuliebe freiwillig Einschränkungen hinnehmen, und 70 Prozent würden laut der Studie einen Aufpreis zahlen. Die Untersuchungsergebnisse in den fünf verbleibenden Nationen fielen ähnlich aus.

Im Jahr 2011 untersuchte ACCOR seinen eigenen ökologischen Fußabdruck mit Hilfe von PricewaterhouseCoopers (PwC) hinsichtlich seines Energie- und Wasserverbrauchs, des Abfallaufkommens, der CO_2-Emissionen sowie der Wasserverschmutzung. Es wurde festgestellt, dass ein Großteil des Abfalls nicht durch den täglichen Betrieb des Hotels, sondern bei dessen Bau und Umgestaltung

entsteht. Das meiste (virtuelle) Wasser wird durch den Einkauf sowie die Verwendung von Lebensmitteln verbraucht und verschmutzt.[2]

Auf Basis der Untersuchungen entwickelte ACCOR die Nachhaltigkeitsstrategie »Planet 21«, welche im April 2012 für sämtliche 4.000 ACCOR-Hotels weltweit eingeführt wurde.

(Lintz 2012, S. 98–100)

Die im Jahr 2012 gegründete Hotelkooperation Sleep Green Hotels möchte »als grünes Netzwerk in ganz Europa auftreten«. Die Kooperation formulierte fünf Aufnahmekriterien, von denen ein Betrieb mindestens drei erfüllen muss, um Mitglied werden zu können.

Die Mitgliedhotels müssen

- selbst Energie erzeugen und damit 50 Prozent ihres Bedarfs decken,
- Strom aus mindestens 90 Prozent regenerativen Energiequellen beziehen,
- über eine Zertifizierung (z. B. nach EMAS, EU-Ecolabel, Green Globe, Green Brands oder Green Building) verfügen,
- ein Corporate Social Responsibility-Statement des Hotels vorweisen und
- Lebensmittel in Bio-Qualität anbieten.

(www.ahgz.de/konzepte-und-management/das)

GREEN MEETINGS ALS WACHSTUMSMARKT

Studien belegen, dass das Thema Green Meetings bei Geschäftskunden sowie Veranstaltungsplanern angekommen ist. Unter diesem Begriff werden unter anderem nachfolgende Maßnahmen verstanden:

1. Im Rahmen der Durchführung einer Veranstaltung werden die Emissionen so weit wie möglich minimiert; unvermeidbare Emissionen können durch Kompensationsmaßnahmen ausgeglichen werden.

[2] »Virtuelles Wasser« beschreibt, welche Menge Wasser in einem Produkt oder einer Dienstleistung enthalten ist oder zur Herstellung verwendet wird. Mit der Berechnung des virtuellen Wasserfußabdrucks, den ein Produkt oder eine Dienstleistung hat, lässt sich die ökologische Situation der Produktionsbedingungen bewerten (www.virtuelles-wasser.de).

»NACHHALTIGE« FRAGESTELLUNGEN IM RHÖN PARK HOTEL

Der technische Leiter des auf Familien und Tagungen spezialisierten Rhön Park Hotel Aktiv Resorts widmete sich im Rahmen einer dreimonatigen »Auszeit« drei Fragestellungen:

1. Wo Energie im Rhön Park Hotel verbraucht wird,
2. welche Maßnahmen bei den größten Verbrauchern wirtschaftlich und langfristig am sinnvollsten sind,
3. wie das Rhön Park Hotel die Energieversorgung wirtschaftlich sicherstellt,

und konnte darauf basierend einen strategischen Maßnahmenplan erarbeiten.

Küchenchef Hagen Seifert und Direktor Ben Baars: Die höchste Kategorie von drei Silberdisteln hat die Dachmarke Rhön der Frankenstube im Rhön Park Hotel verliehen.

2. Der Einsatz natürlicher Ressourcen wird reduziert; dazu zählen Müllvermeidung, Recycling, aber auch der Schutz der Artenvielfalt.

3. Wichtig hierbei ist ein Gesamtansatz. So sollten diese Grundsätze nicht nur in die Zuliefererkette implementiert, sondern auch die Bezugsgruppen eingebunden werden.

(Herzog et al. 2013, S. 166)

Die vorangegangenen Ausführungen belegen, dass der gastgewerbliche Unternehmer dem Thema Nachhaltigkeit einen hohen Stellenwert im Rahmen seiner strategischen und operativen Entscheidungen einräumen muss. Ein Blick auf die Energiekosten, welche im Branchendurchschnitt bei 6 Prozent liegen, kann ein weiterer Indikator für Handlungsbedarf beim Thema Nachhaltigkeit sein und beispielsweise zur Inanspruchnahme eines Energieberaters führen.

In größeren Häusern lohnt es sich mögli-cherweise, den im Hotel für die Technik Ver-antwortlichen für einen gewissen Zeitraum freizustellen, damit er sich in Ruhe mit dem Thema Kostenersparnis beschäftigt.

Der ganzheitliche Ansatz spiegelt sich auch in der Amortisation wider. Nicht alle Maß-nahmen können direkt mit einem geldwerten Vorteil belegt werden. Sabine Waske, Direk-torin des Hotel Schindelbruch, das als erstes klimaneutrales Hotel Mitteldeutschlands gilt, äußerte sich im Rahmen eines Interviews mit der Allgemeinen Hotel- und Gastronomiezei-tung (AHGZ) zu dem Erfolg ihrer Nachhal-tigkeits-Aktivitäten: »Einigen Gästen ist der ökologische Aspekt völlig egal. [...] Unsere Maßnahmen zum Klimaschutz sind vielleicht das Zünglein an der Waage. Sicher ist es ein Vorteil, dass wir mit unserem Konzept sehr oft

in den Medien auftauchen. Ab dem kommen-den Jahr werden wir keine Vor- und Nachsai-sonpreise mehr anbieten müssen.« (www.ahgz.de/konzepte-und-management/gruene)

SOZIALE NACHHALTIGKEIT

Soziale Nachhaltigkeit beschäftigt sich mit der Nutzung eines Systems oder einer Organisa-tion in einer Weise, die dafür sorgt, dass dessen wesentliche Eigenschaften und der personal-bezogene sowie gesellschaftliche Fortbestand gesichert sind. Soziale Nachhaltigkeit kann je-doch auch als die Lösung der Verteilungspro-bleme zwischen Regionen, sozialen Schichten, Geschlechtern und Altersgruppen sowie der kulturellen Integration von Zugehörigkeiten und Identitäten definiert werden. (Pufé 2012, S. 112) Das übergeordnete Ziel ist eine auf Dauer zu-kunftsfähige, lebenswerte Gesellschaft.

WAS AUSSEN IST, IST AUCH INNEN

Sozialräume, Pausenzimmer, Personal- und Lieferanten(ein)gänge – Gäste, die hinter die Kulissen eines Luxushotels blicken, wundern sich zumeist über die gegensätzlichen Welten vor und hinter der Bühne. Oftmals dem Kapitalmangel oder der nicht vorhandenen Investitionsbereitschaft in die dem Gast nicht zugänglichen Räumlichkeiten geschuldet, nehmen die meisten Hotelmitarbeiter täglich die unterschiedliche Behandlung in Kauf. Ausnahmen bestätigen die Regel. In der Kettenhotellerie lässt sich das Fairmont Hotel Vier Jahreszeiten Hamburg als Vorzeigebetrieb identifizieren, und in der Privathotellerie profitieren die Mitarbeiter des Tegernseer Hotels Bachmair Weissach von einem design- und qualitätsaffinen Eigentümer.

Das **FAIRMONT HOTEL VIER JAHRESZEITEN HAMBURG** bietet nicht nur seinen Gästen exklusive bis ins kleinste Detail gepflegte Räumlichkeiten. Auch die Mitarbeiterbereiche wurden in den vergangenen Jahren in den Fokus gerückt. Aus einer Not machte der geschäftsführende Direktor

Ingo C. Peters eine Tugend: nach unerfreulichen Überschwemmungen des Kellergeschosses im Jahr 2011 gestaltete er den Bereich hinter den Kulissen ganz neu und kreierte eine Szenerie, die man in der Hotellerie in dieser Form sonst nicht findet. Das Mitarbeiter-Restaurant »Café Royal« erinnert an eine Skandinavische Stube mit Lounge-Bereich, gemütlichen Sitzecken und einer großzügigen Buffetstation. Eine kleine Leseecke, große Flachbildfernseher, eine Computerstation sowie eine umfangreiche Speiseauswahl von früh morgens bis spät abends runden das Angebot ab und ermöglichen es den mehr als 270 Mitarbeitern im Hotel, sich in ihren Pausen zu erholen und wohlzufühlen.

Die Mitarbeitertoiletten erinnern mehr an die WCs von Designhotels und wurden liebevoll bis ins kleinste Detail gestaltet. Auch bei der Neugestaltung der verschiedenen Küchen des Hotels ließ Ingo C. Peters seiner Kreativität freien Lauf. So wurden die einzelnen Restaurant-Küchen im entsprechenden Stil des Restaurants gestaltet – die Küche des Jahreszeiten-Grills

erinnert mit ihren schwarz-weißen Fliesen an den unverwechselbaren Art-Deco-Stil des Jahreszeiten-Grills. Die Küche des Gourmetrestaurants Haerlin greift die warmen Erdtöne des Restaurants auf – grün, taupe, beige und braun dominieren. Gleiches gilt für den einzigartigen Chef's Table im Herzen der Haerlin-Küche, in dem Gäste dem Sternkoch und seiner Brigade über die Schulter schauen und zeitgleich seine Kreation genießen können.

Den letzten Clou landete Ingo C. Peters mit der Renovierung der Fleischerei des Hotels und der Patisserie: Die Fleischerei erinnert an eine urige und gemütliche Jagdhütte und gleicht so gar nicht einer Küche, während die Patisserie an malerische Impressionen des Versailler Schlosses erinnert. Nicht nur, dass die Mitarbeiter einen unverwechselbaren Arbeitsplatz genießen und somit allerhöchste Wertschätzung erfahren, auch öffnete der Direktor all diese Bereiche der Öffentlichkeit und schuf eine einzigartige Event-Location auf mehr als 600qm: tagsüber Küche, abends Event-Location.

Mitarbeiter-Restaurant »Café Royal« im Fairmont.

... Mitarbeiter-Damen-WC.

ÖKOLOGISCHE NACHHALTIGKEIT

Die Wissenschaft von den Beziehungen zwischen Lebensgemeinschaft und Umwelt ist die Ökologie. Ökologische Nachhaltigkeit ist also die Nutzung eines Systems in einer Weise, die dafür sorgt, dass dieses in seinen wesentlichen Eigenschaften dauerhaft erhalten bleibt und so sein Fortbestand gesichert wird.

Jeder Tropfen zählt

» *Rund 400 Liter Wasser verbraucht ein Hotel pro Gast und Tag, in luxuriösen Betrieben kann der Bedarf mehr als das Doppelte betragen. Um den Trinkwasserverbrauch zu senken, nutzt man im Wiesbadener Hotel Bären Regen- und Grauwasser für Toilettenspülungen und Waschmaschinen: »Das machen wir nicht nur aus Umweltschutzgründen, auch handfeste wirtschaftliche Überlegungen haben eine Rolle gespielt«, erläutert Beate Bödeker-Kenke, Geschäftsführerin des 60-Zimmer-Hauses, die den Trinkwasserverbrauch so um etwa 20 Prozent senken konnte. Am anderen Ende der Leitung setzte man im Hotel Schaper-Siedeburg in Bremen an: »Allein durch Austausch der Duschköpfe konnten wir die jährlichen Betriebskosten um 2.000 Euro senken«, so Anton Brinkhege, der als Geschäftsführer in dem 118-Zimmer-Haus ein umfangreiches Energiespar-Programm auf den Weg brachte.* **«**

(www.ahgz.de/unternehmen/jeder)

Nachhaltiges Wirtschaften bedeutet jedoch, Profite sozial und ökologisch verantwortungsvoll zu erwirtschaften und nicht, Profite zu erwirtschaften, um sie dann für soziale oder Umweltbelange einzusetzen. Oftmals herrscht der Primat der Ökologie vor, in dem Sinne, dass Umweltschutz wirtschafts- und sozialverträglich zu gestalten sei. Dies erklärt, warum Nachhaltigkeit heute häufig mit Umweltschutz und -verträglichkeit verbunden wird. (Pufé 2012, S.95) Ökologie ist die wesentliche, tragende Dimension, da der Mensch ohne einen bestimmten quantitativen und qualitativen Zustand des Ökosystems nicht überlebensfähig ist.

NACHHALTIGKEITSBENCHMARK

SONEVA FUSHI UND SONEVA KIRI

Die **SONEVA RESORTS SONEVA FUSHI** auf Kunfunadhoo, Malediven, und Soneva Kiri auf Koh Kood, Thailand, versprechen sowohl Luxus als auch Nachhaltigkeit, eine Kombination, welche sie als »intelligenten Luxus« bezeichnen. Als Marke der 1995 gegründeten Hotelgruppe Six Senses verkörpern die Soneva Resorts die Philosophie des **SLOW LIFE** (**S** – sustainable, **L** – local, **O** – organic, **W** – wellness, **L** – learning, **I** – inspiring, **F** – fun, **E** – experiences). Das Bekenntnis zu »intelligentem Luxus« setzt man in den Resorts konsequent um: Das einzige Fortbewegungsmittel auf den Inseln ist das Fahrrad, Wasserflaschen aus Glas werden wieder aufgefüllt, Plastikflaschen sind tabu und die neue Mülltrennung mit Biogasanlage sollte Vorbild für alle Resorts werden. Im »Organic Garden« werden möglichst viele Gemüse-, Obst- und Kräutersorten selbst angepflanzt und verwertet. Das spart aufwendigen (umweltschädlichen) Transport und garantiert chemikalienfreie Lebensmittel. Stühle, Tische, Geländerstangen und sämtliche anderen Bauträger bestehen in den Soneva Resorts aus natürlich geformten und unbehandelten Ästen und Baumstämmen. Treibholz wird sowohl für die Dekoration als auch für die Möbel verwendet. Die Gebäude sind gleichmäßig über die Insel verteilt und unauffällig in die Palmenwelt integriert, hohe oder große Bauwerke gibt es nicht.

Wasser wird nachhaltig gewonnen durch Regenwassersammlung und durch Entsalzungsanlagen oder Tiefbrunnen. Die Resorts haben Kläranlagen, in denen das behandelte Abwasser wiederverwendet wird, vorzugsweise zur Bewässerung der Gärten. Die Wellnesswasser-Initiative wurde 2008 zur Reduzierung der hohen und unnötigen Kohlenstoffemissionen gestartet, welche durch die Lieferung von Trinkwasser über große Distanzen, oft per Flugzeug, generiert wurden. Seitdem servieren die Resorts nur ihr eigenes stilles oder sprudelndes Wasser, das nach höchsten internationalen EPA-Trinkwasserstandards selbst hergestellt wird. Das Wasser wird ausschließlich in Glasflaschen abgefüllt und mit einem Keramikstöpsel versehen, der durch eine Metallschnalle luftdicht schließt. Um den Wellness-Effekt zu verstärken, wird das Wasser über Edelsteinphiolen von VitaJuwel gegossen und dann als Wellness-Wasser serviert. Seit Oktober 2009 werden 50 Prozent des Wasserverkaufs an Projekte gespendet, die Menschen auf der ganzen Welt helfen, Zugang zu sauberem Wasser zu bekommen. Abwasser wird vor Ort geklärt und gefiltert und zur Bewässerung der Gärten oder zur Anlage von Seen verwendet, welche Vögeln und anderen Tieren als Lebensraum dienen können. Konsequent ist man auch bei der Beleuchtung in den Soneva Resorts: Elektrische Lampen gibt es abends nur an Stellen, an denen es unbedingt nötig ist, ansonsten dominieren Kerzen. 2009 wurde außerdem eine 70 Kilowatt Photovoltaik-Anlage auf Soneva Fushi installiert.

SONEVA FUSHI UND SONEVA KIRI

Die Soneva Resorts haben es sich zum Ziel gesetzt, bis 2020 ihren Netto-CO_2-Ausstoß aus allen Betrieben zu eliminieren, also zu entkarbonisieren. Mithilfe eines Kohlenstoffrechners kontrollieren sie ihren CO_2-Fußabdruck, der nicht nur die im Resort kreierten Emissionen kalkuliert, sondern auch die, die durch Flugreisen, Reisen mit anderen Verkehrsmitteln, Fracht, Lebensmittel, Getränke, Papier, Abfall und Wasser entstehen. 78 Prozent der Emissionen der Soneva Resorts stammen von den Anreisen der Gäste per Flugzeug: Emissionen, die Soneva weder kontrollieren noch reduzieren kann. Von den in den Resorts generierten Emissionen entfallen 55,5 Prozent auf Soneva Kiri und 45,5 Prozent auf Soneva Fushi.

Da es in den Soneva Resorts notwendig ist, die Gäste, Mitarbeiter und Waren mit dem Flugzeug zu transportieren, wurde ein so genannter Carbon Sense Fund eingegliedert, der Projekte zur Minderung von Kohlenstoff ermöglicht. Auf die Zimmerraten wird eine zusätzliche Abgabe von 2 Prozent aufgeschlagen, die diesen mitfinanziert. Aus dem Fond werden dann mit Hilfe des Soneva SLOW LIFE Trust zum Beispiel Waldaufforstungsprojekte in Nordthailand oder Windturbinen zur Generierung von erneuerbarer Energie in Tamil Nadu, Indien finanziert.
Das Eco Centro Projekt auf Soneva Fushi ist ein Beispiel dafür, wie umfassend und effektiv Abfallmanagement sein kann. Basierend auf permakulturellen Prinzipien, hat sich die Anlage zu einem komplexen

Abfallrecyclingzentrum entwickelt, das aus den Stufen Abfalltrennung, Kompostierung, Pyrolyse von Holzabfällen zu Holzkohle und der Umwandlung von Pflanzenmaterial in Biogas zur Energiegewinnung besteht. Damit konnte Soneva Fushi in den letzten vier Jahren im Bereich Abfall einen CO_2-Fußabdruck von -69 Tonnen CO_2 verzeichnen, was einer Verbesserung von 279 Prozent entspricht.

Die Soneva Resorts haben einen Null-Abfall-Grundsatz, was auch die Recyclingquote von 69 Prozent in Soneva Kiri und 81 Prozent in Soneva Fushi bestätigt. Deshalb wurden beispielsweise importierte Wasserflaschen aus Plastik durch das hauseigene Wasser in Glasflaschen ersetzt, und Amenities wie Shampoo, Pflegespülung, Seife und Körpercreme werden in wiederauffüllbare Spender aus Keramik anstelle kleiner Plastikgefäße abgefüllt. In den wenigen Bereichen, wo Müllbeutel oder ähnliche Produkte verwendet werden, handelt es sich um biologisch abbaubare Alternativen. Zerstoßenes Glas wird mit Beton vermischt und zu Tischplatten verarbeitet. So kann nicht nur Glasabfall wiederverwendet, sondern auch der Zementimport reduziert werden. Stromkabelrollen werden ebenfalls zu Tischen umgewandelt. Gerade auf abgeschiedenen Inseln wie Soneva Fushi ist dies sinnvoll, da die Rollen nicht mehr entsorgt und neue Tische gar nicht geliefert werden müssen.

Auf Soneva Fushi produziert ein Mix aus zerkleinertem Küchen- und Gartenabfall hochqualitativen Kompost für die Kräuter- und Gemüsegärten. Soneva Kiri hat ein spezielles Team von afrikanischen Nachtgleisketten-Würmern in ihrem hauseigenen Kompost involviert. Diese Kompostwürmer werden in Boxen gehalten, die Tierausscheidungen, Kokosnussfasern und sandigen Lehm enthalten, und werden mit Essensresten aus dem Restaurant gefüttert. Sie scheiden einen hoch fruchtbaren Wurmkompost aus, der reich an Mineralien und Nährstoffen ist und für die Kräuter- und Gemüsegärten genutzt wird. In beiden Resorts wird die Küche so mit frischen Lebensmitteln versorgt. 100 Prozent des Kräuterverbrauchs und 30 Prozent der Salate werden durch die Gärten gedeckt, was wiederum Kohlenstoffemissionen durch Importe reduziert. In Soneva Fushi wurde zusätzlich eine Pilzhütte gebaut, in der eine große Anzahl an Pilzen wächst.

Quellen: Linhard 2013, S. 112 ff.; Sloan 2013, S. 62 ff.; www.soneva.com

Soneva Fushi

Das Hotel Mastinell charakterisiert den Geist der katalanischen Architektur und ist komplett unter nachhaltigen Gesichtspunkten erbaut worden.

Umweltfreundlichkeit hat für das Areias do Seixo eine hohe Bedeutung. Erdwärme sorgt für heißes Wasser und Kork aus der Umgebung isoliert die Wände. Einzelne Möbelstücke und Skulpturen entstanden aus Treibholz, das vor der Küste angeschwemmt wurde. Das aufgefangene Regenwasser wird für die Toilettenspülung und Bewässerung genutzt. Aus den eigenen Gewächshäusern und dem Bio-Garten bezieht die Hotelküche Obst und Gemüse.

2

Nachhaltiges Ressourcenmanagement

MIT GRÜNEN MASSNAHMEN SCHWARZE ZAHLEN SCHREIBEN

Immer mehr Hotels erkennen ihre Verantwortung gegenüber den natürlichen Ressourcen; Gäste fragen zunehmend nach speziellen Aktivitäten und Umweltschutzmaßnahmen. Effizientes Ressourcenmanagement ist jedoch nicht nur ökologisch wichtig, sondern es lohnt sich auch ökonomisch, mit den vorhandenen Ressourcen rücksichtsvoll und effizient umzugehen, mit dem Ziel, die Kosten für Energie, Wasser und Materialien so gering wie möglich zu halten.

Betrachtet man beispielsweise die Entwicklung der Energiepreise für private Haushalte von 1991 bis 2012, so sind die Kosten für Strom um das 1,75-Fache, die Ausgaben für Heizöl sogar um das knapp 3,5-Fache angestiegen. (BMWI 2014, S. 2) Von dem Anstieg der Energiekosten ist auch die Beherbergungsbranche stark betroffen. Laut der Konjunkturumfrage des DEHOGA im Sommer 2013 bezeichnen 64 Prozent der befragten Hoteliers die gestiegenen Energiekosten als Hauptproblemfeld für die nächsten Jahre. (DEHOGA 2013, S. 9)

Neben dem Energieverbrauch sind in der Beherbergungsbranche vor allem Wasserverbrauch und Abfallaufkommen die Hotspots hinsichtlich negativer Umweltauswirkungen[3]. Bei allen Bemühungen für effizienten Res-

sourceneinsatz stehen Hotelbetriebe – noch mehr als andere Branchen – vor der Herausforderung, Klassifizierungsstandards und Gästeanspruch mit ihren Einsparzielen zu vereinen. Komfort und Servicequalität dürfen jedoch durch nachhaltiges Ressourcenmanagement nicht eingeschränkt werden.

RESSOURCENEFFIZIENZ, WIE GEHT DAS KONKRET?

Um die Ressourceneffizienz langfristig zu verbessern, müssen sämtliche Hotelbereiche auf Einsparungspotenziale überprüft werden. Dies kann im Rahmen einer Zertifizierung oder durch einen speziellen Berater erfolgen. Eine externe Einschätzung ist von großer Bedeutung, da wenige Hoteliers über geeignete technische Qualifikationen verfügen. Während sich eine Effizienzberatung auf die Ressourceneinsparung konzentriert, wird bei der Einführung eines Nachhaltigkeits- bzw. CSR-Systems der gesamte Betrieb unter die Lupe genommen und neben der Ressourceneffizienz auch Aspekte wie Motivation und Engagement der Mitarbeitenden sowie Kundenkommunikation und -zufriedenheit miteinbezogen. Maßnahmen zur Ressourceneffizienz werden dabei

TourCert: Die Auszeichnung für Nachhaltigkeit und Unternehmensverantwortung im Tourismus

[3] Reference Document on Best Environmental Management Practice in the Tourism Sector. Auf europäischer Ebene werden für das Umweltmanagement EMAS (EMAS = Eco-Management and Audit Scheme) branchenspezifische Referenzdokumente erarbeitet mit Hinweisen zu relevanten Indikatoren und bewährten Umweltmanagementpraktiken.

EFFIZIENZ IM ENGADIN – ERSTES PLUSENERGIE-HOTEL IM ALPENRAUM

Das **ROMANTIKHOTEL MUOTTAS MURAGL** muss auf über 2.400 Metern etwa 330 Tage im Jahr heizen, was in der Vergangenheit etwa 40.000 Liter Heizöl verschlang. Das neue Energiekonzept basiert auf einer differenzierten Versorgung. Insgesamt 140 m² thermische Sonnenkollektoren erzeugen warmes Wasser und unterstützen die Heizung. Den gesamten Strombedarf für Beleuchtung sowie Betriebs- und Hilfsenergie decken 455 m² Photovoltaik-Module, die entlang der Bergbahntrasse installiert wurden. 16 Erdsonden liefern Heizwärme.

Summe des jährlichen Strombedarfs: 33,52 kWh/m²
Summe der jährlichen Stromerzeugung: 35,19 kWh/m²

Die Standseilbahn des Muottas Muragl.

Quelle: hotelbau, Mai/Juni 2011, S. 58

in den Gesamtprozess der kontinuierlichen Verbesserungen integriert. Die Gesellschaft für Zertifizierung im Tourismus »TourCert« bietet ein speziell auf Hotelbetriebe zugeschnittenes CSR-System an. Die Zertifizierung und anschließende Nutzung des CSR-Siegels kommunizieren dem Gast, dass es sich um ein nachhaltig wirtschaftendes Unternehmen handelt. Investive Maßnahmen wie Gebäudesanierungen oder der Austausch von Heizungsanlagen fordern zwar einen hohen Investitionsaufwand, jedoch ist das Einsparpotenzial auch dementsprechend groß und die Investition amortisiert sich oftmals in einem überschaubaren Zeitraum. Das Potenzial zur Ressourceneinsparung ist jedoch stark abhängig vom Gebäudezustand und der Ausstattung.

Anders verhält es sich mit vielen kleinen, nicht-investiven Maßnahmen und Verhaltensänderungen. Erfahrungswerte bei unterschiedlichen Betrieben zeigen, dass Einsparmöglichkeiten von oftmals 10 bis 20 Prozent realisiert werden können. Die folgenden Empfehlungen sind ein Mix von investiven und nicht-investiven Maßnahmen, die Hoteliers helfen können, Einsparpotenziale

aufzudecken und den Verbrauch bei Strom, Heizung, Wasser, Abfall und Emissionen zu verringern.

ENERGIE SPAREN

Welche Maßnahmen können helfen, Strom zu sparen?

- Bewegungsmelder auf Fluren und Toiletten
- LED-Beleuchtung: Die Kosteneinsparungen beim Austausch einer Halogenleuchte (50 W) gegen eine LED (7 W, 40000 h Lebensdauer) belaufen sich während der gesamten Lebensdauer und bei einem Strompreis von 0,25 €/kWh auf beachtliche 428 €[4].
- Schaltbare Steckdosenleisten zur Vermeidung von Stand-By-Stromverbrauch
- Effiziente Elektrogeräte (mit dem EU-Energielabel A++ bzw. A+++ gekennzeichnet)
- Einkauf von »echtem« Ökostrom (zertifiziert mit dem »Grüner-Strom Label«, »ok-power Label«, »TÜV Süd« oder »TÜV Nord«). Hiermit wird zwar nicht Strom gespart, doch die CO_2-Emission durch den Stromverbrauch deutlich gesenkt. Damit verbessert sich die Klimabilanz des Unternehmens merkbar.

[4] Reference Document on Best Environmental Management Practice in the Tourism Sector, S. 490

MONDSCHEIN, DER NACHHALTIG IST!

Das Hotel Mondschein in Stuben am Arlberg ist ein Familienbetrieb mitten im Arlberg-Skigebiet. Das Hotel, in dem schon Luis Trenker und Romy Schneider einkehrten, ist eine der ältesten Herbergen im Land Vorarlberg. Es zeichnet sich durch die authentische Atmosphäre in der urigen Gaststube mit Kachelofen, dem besonderen Weinkeller aus dem 17. Jhd. und zeitgemäßen Charme mit einer ganzen Reihe von nachhaltigen Innovationen aus. Ganz besonders groß geschrieben wird Energieeffizienz. Die gesamte Beleuchtung der Zimmer, Gänge und im Stiegenhaus wurde auf LED-Technologie umgestellt. Auf den energieaufwendigen Kühlschrank (Minibar) wurde gänzlich verzichtet. Stattdessen wurde eine »Stromlose Minibar« entwickelt und umgesetzt.

In den Zimmern kommt ein Kartensystem zum Einsatz, welches den Standby-Verbrauch bei Abwesenheit des Gastes auf null reduziert. Um dieses optimal zu nutzen, wurden zusätzlich zwei »Grüne Steckdosen« für das Aufladen von Laptop oder Handy installiert. So reduziert sich der Stromverbrauch in jedem Zimmer um 90 Prozent. Darüber hinaus sorgen acht Duplexsonden mit je 168 m Tiefe für die Nutzung von Erdwärme. Neben der Verwendung von Materialien aus der Region wie Zirbenholz oder Lodenstoff fungiert eine raumhohe Verglasung als unterstützendes »Kraftwerk« in der Energiebilanz des Hauses. Als erstes Hotel Österreichs wurde das Mondschein mit den drei wichtigsten Umweltpreisen gleichzeitig prämiert. Es erhielt 2014 das Österreichische Umweltzeichen, das Europäische Umweltzeichen sowie die Auszeichnung: klima:aktiv GOLD.

Quelle: www.mondschein.com

- Photovoltaikanlagen oder Blockheizkraftwerke zur Stromeigenversorgung
- Gebäudeautomation z. B. Beleuchtung bedarfs-, tageszeit- bzw. jahreszeit- und bewegungsabhängig schalten, Lüftungs- oder Klimaanlage bedarfs- und zeitgerecht steuern
- Verzicht auf Minibars
- Verzicht auf Empfangsbeleuchtung und eingeschalteten Fernseher bei Anreise des Gastes
- Verzicht auf elektrische Händetrockner in den öffentlichen Toiletten und stattdessen Einsatz von Recyclingpapier-Tüchern
- Klimafreundliche oder klimaneutrale Übernachtungen und Veranstaltungen anbieten
- Energieverbrauch erheben und kontinuierlich Verbesserungsmaßnahmen durchführen
- Verhaltensschulung und Motivation der Mitarbeitenden zum Stromsparen
- Gästeinformation zur Sensibilisierung und Beteiligung

Welche Maßnahmen können helfen, effizient zu heizen?

- Wärmeschutzisolierung durch Gebäudesanierung (Isolierung der Gebäudehülle, dreifach verglaste Wärmedämmfenster)
- Einsatz effizienter Heizanlagen und Heizungspumpen
- Nutzung erneuerbarer Energien, z. B. solarthermische Anlagen, Biomasseheizungen (Holzpellets oder Holzhackschnitzel), Blockheizkraftwerke (Effizienz durch Kraft-Wärme-Kopplung) oder Wärme-/Kältepumpen
- Gebäudeautomation, z. B. Heizungsanlage bedarfs- und zeitgerecht steuern, Abschaltfunktion der Heizung bei offenen Fenstern, Einsatz eines Temperaturmanagements (automatische Drosselung bei Nichtbelegung bzw. Abwesenheit), Verschattungseinrichtungen in Abhängigkeit von Sonnenlicht und Wind zeit- und bedarfsgerecht steuern
- Wärmerückgewinnung aus Wasser oder Abluft

STEAKS DURCH ÖKOSTROM

Die STEAKHAUSKETTE MAREDO setzt auf Ökostrom. Als nach eigenen Angaben erstes Unternehmen in der Systemgastronomie wird Maredo den Strom in den aktuell 51 Betrieben in Deutschland komplett auf erneuerbare Energien umstellen. Mit dem Mannheimer Energiekonzern MVV hat das Unternehmen im Frühjahr 2014 einen Vertrag geschlossen, mit dem Kohlendioxid gespart werden kann. Die Initiative ist Teil der Nachhaltigkeits-Strategie der Restaurantkette, die auch Abfallwirtschaft, soziale Standards, ressourcenschonenden Einkauf und artgerechten Umgang mit Tieren umfasst. Der neue Ökostrom-Vertrag trägt dazu bei, dass die Kohlendioxid-Bilanz um mehr als ein Drittel gegenüber dem Wert der Vorjahre sinkt. Pro Jahr könnten damit geschätzte 6.000 Tonnen Kohlendioxid gespart werden.

Quelle: www.ahgz.de/unternehmen/maredo-schaltet-auf-oekostrom-um,200012210298.html (Einsehdatum 01.05.2014)

- Schulung der Mitarbeiter in Bezug auf das Lüftungsverhalten
- Hinweise für Gäste und Mitarbeitende zum richtigen Lüften im Winter

ENERGIESPAREN IM TEAM

Energiesparziele in einem Hotelbetrieb können am besten realisiert werden, wenn alle an einem Strang ziehen. Die Sparmaßnahmen sollten nicht nur von der Leitung verordnet werden, sondern alle Mitarbeitenden sollten über Sinn und Zweck informiert und zur Beteiligung motiviert werden. Die Hotelleitung sollte durch ihr eigenes vorbildliches Verhalten sowie die Bereitschaft zu Investitionen in energieeffiziente Technologien eine produktive Atmosphäre schaffen und die Mitarbeitenden anspornen.

Regelmäßige Informationen über Erfolge können zum Weitermachen anregen. Das Sammeln von Ideen und Verbesserungsvorschlägen unter den Mitarbeitenden zeigt oftmals Perspektiven und Einsparpotenziale auf, die bisher noch nicht beachtet wurden. Einem »Energiebeauftragten« kann hierbei besondere Verantwortung übertragen werden.

GÄSTEZIMMER

Im Gästezimmer bieten sich zahlreiche Stellen, an denen Energie eingespart werden kann. Sofern keine zentrale Steuerungsmöglichkeit besteht, sollten individuell in nicht belegten Zimmern konsequent die Heizung, Lüftung und Beleuchtung reduziert oder abgestellt werden. Je nach Auslastung kann die Belegung der Zimmer auf einzelne Hotelbereiche beschränkt werden und können Beleuchtung, Heizung und Lüftung zonenweise heruntergefahren werden. Der Verzicht auf Minibars und den Bereitschaftsmodus (Standby) beim Fernseher bietet erhebliches Einsparpotenzial. Das Schließen der Vorhänge erzielt im Sommer den Effekt, dass sich der Raum nicht unnötig aufheizt, im Winter vermeidet es dessen rasches Auskühlen.

KÜHLEN

Für Kühlgeräte liegt die ideale Kühltemperatur in der Regel bei 7 °C, bei Tiefkühllagerung bei −18 °C. Eine tiefere Einstellung verbraucht unnötig zusätzliche Energie. Wenn nur abgekühlte und abgedeckte Lebensmittel in den Kühlschrank gestellt werden, werden Reifbildung und zusätzlicher Energieaufwand vermieden. Ebenso sollten die Gummidichtungen der Türen auf einen sauberen Verschluss geprüft werden.

SPEISEN ZUBEREITEN

Bei der Zubereitung von Speisen können der Verzicht auf Vorheizen, Standby-Betrieb oder das Ausschalten bei Nichtgebrauch (z. B. Salamander) den Energieverbrauch verringern. Auch elektrische Geräte im Restaurant- und Barbereich verbrauchen im Standby-Betrieb reichlich Energie und müssen erst kurz vor Gebrauch eingeschaltet werden.

SPÜLEN

Bei Geschirrspülmaschinen kann geprüft werden, ob sie möglicherweise an die Warmwasserversorgung des Hauses angeschlossen werden können. Zusätzlich sollte auf eine konsequente volle Auslastung sowie die Nutzung der Energiesparprogramme geachtet werden.

ENERGIEVERBRAUCH SYSTEMATISCH KONTROLLIEREN

Um Einsparpotenziale zu ermitteln, ist eine möglichst differenzierte und regelmäßige Messung und Auswertung der Verbrauchsdaten sinnvoll. Dazu kann die Verwendung einer Energiemanagementsoftware hilfreich sein. Des Weiteren können durch die Installation von »intelligenten« Zählern (auch Smart Meter) Verbrauchsdaten automatisch abgelesen und in ein Energiemanagementsystem eingespeist werden. Damit ist eine kontinuierliche Überwachung der Verbrauchsdaten gewährleistet.

GÄSTE BEGEISTERN

Gäste können durch gezielte, freundlich formulierte Hinweise dazu angeregt werden, einen Beitrag zum Energiesparen zu leisten. Viele Gäste sind dazu gerne bereit; oft kann dies auch zu einer besseren Kundenbindung führen. Wenn ein Betrieb sich für umweltschonendes und energiesparendes Wirtschaften entscheidet, sollte er dies aktiv seinen Gästen mitteilen. Das Engagement ist ein Alleinstellungsmerkmal und Wettbewerbsvorteil und sollte daher konsequent im Haus selbst wie auch auf der Webseite kommuniziert werden.

Ein gutes Beispiel findet sich bei Hilton. In allen Hotelmarken und Standorten wurde ein zertifiziertes Umweltmanagement eingeführt, das mit dem Namen »Lightstay« die Nachhaltigkeitsleistung anhand von mehr als 200 Indikatoren in allen Hotels überwacht. Unter anderem wurde im Jahr 2012 unternehmensweit der Gesamtenergieverbrauch um 12,2 Prozent gegenüber dem Jahr 2008 reduziert. Hilton hat es geschafft, nicht nur die Gäste, sondern auch die Mitarbeiter für das Thema zu begeistern und aktiv in die Verbesserungsmaßnahmen einzubinden.

WASSER SPAREN

Welche Maßnahmen können helfen?
- Einsatz von Durchflussbegrenzern und Perlatoren in Duschen und Bädern bzw. von wassersparenden Hähnen und Duschen
- Sensorgesteuerte Armaturen
- Tägliche Kontrolle der Wasserhähne, Duschen und WC-Spülkästen (Tropfen, Verkalkung)
- Toilettenspülungen mit Spülstoppfunktion, wasserlose Urinale
- Verzicht auf Rainfall-Duschköpfe
- Badewannen mit optimiertem Design, z. B. an Körperform angepasst
- Einsatz wassersparender Wasch- und Spülmaschinen unter optimaler Auslastung

⊚ Aufbereitung von Grau- oder Regenwasser,
z. B. für Toilettenspülungen
⊚ Regelmäßige Reinigung und Entsorgung
des Fettabscheiders
⊚ Verzicht auf scharfe Sanitär- und Rohr-
reiniger
⊚ Motivation der Gäste zum bedarfsorientier-
ten Handtuch- und Bettwäschewechsel und
wirkliches Beachten durch das Personal
⊚ Regelmäßige Kontrolle des Wasserverbrauchs und kontinuierliche Durchführung
von Verbesserungsmaßnahmen

Der Wasserverbrauch pro Person und Tag ist
in Hotels meist höher als im Alltag, besonders
in südlichen Ländern. Deshalb lohnen sich
Effizienzmaßnahmen hier meist schon nach
relativ kurzer Zeit. Es gibt verschiedene Hilfs-
mittel wie beispielsweise Durchflussbegren-
zer, Perlatoren, die geringe Anschaffungskosten haben und durch die Reduzierung des
Durchflusses in Duschen und Waschbecken
nicht nur den Wasserverbrauch, sondern auch
den Energieverbrauch für die Wassererwär-
mung verringern.

Kalkuliert man z. B. die Kosteneinsparungen
durch die Verringerung des Durchflusses
in 50 Duschen von 20 Liter/min auf 12 Liter/
min durch neue wassersparende Duschköpfe,

so ergeben sich pro Jahr Einsparungen von
12.144,– € (bei 15 Minuten Duschen pro Gast
am Tag, 22.000 Gästen insgesamt, Wasser-/
Abwasserpreis von 4,60 €/m³). Berücksichtigt man zusätzlich die benötigte Energie,
so ergeben sich zusätzliche Einsparungen
von ca. 3.960,– € (bei Heizkosten von 0,05 €/
kWh). Dem gegenüber stehen ca. 1.500,– € bis
4.000,– € einmalige Anschaffungskosten für
neue, hochwertige Duschköpfe.

Für größere Hotelbetriebe kommt außerdem
die Einrichtung einer Regenwasserzisterne
und damit Nutzung des Regenwassers für
Garten, Toiletten und Waschmaschinen in
Frage. So können sich nicht nur Wasserein-
sparungen ergeben, sondern auch eine Reduzierung der Niederschlagswassergebühren an
Gemeinden und Städte (siehe DEHOGA Um-
weltbroschüre).

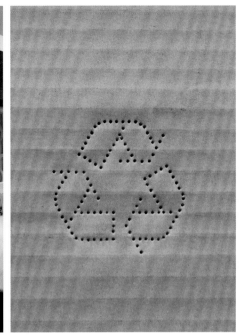

ABFALL VERMEIDEN
Welche Maßnahmen können helfen?

- Vermeidung von Portionsverpackungen, z. B. am Frühstücksbuffet (Zucker, Milch, Marmelade etc.) oder in Gästebädern (Duschgel, Bodylotion etc.)
- Einkauf von Großgebinden
- Einsatz von Mehrweg-Geschirr und -Getränkeflaschen (vor allem bei Catering)
- Verpflichtung der Lieferanten, Mehrwegsysteme einzusetzen (z. B. Mehrwegwannen, -kisten) oder Verpackungen zurückzunehmen
- Recycling von Speiseresten, Altfetten und -ölen sowie Frittierfetten
- Weitergabe überschüssiger Lebensmittel an gemeinnützige Einrichtungen, z. B. Tafeln
- Verzicht auf Verpackung bei Give-aways und Verwendung qualitativ hochwertiger und langlebiger Artikel
- Optimierung der Trennsysteme im Gäste- und Mitarbeiterbereich und eindeutige Hinweise zum Trennkonzept
- Erfassung und korrekte Entsorgung von Sonderabfällen wie Batterien, Leuchtstoffröhren, Energiesparlampen, Druckerpatronen, Toner, Farbreste usw.
- Getrennte Abfallentsorgung sowie Information und Verpflichtung des Reinigungspersonals zur Einhaltung des Trennkonzeptes, vor allem bei Beauftragung eines externen Unternehmens
- Schulung der Mitarbeitenden zum Thema Sondermüll
- Plan zur Abfallvermeidung und regelmäßige Kontrolle

Grundsätzlich sollte im Rahmen eines Abfallkonzeptes gelten: Abfälle so weit wie möglich vermeiden. Nicht vermeidbare Abfälle sollten so gut wie möglich verwertet werden können. Dazu muss eine konsequente Trennung der Abfälle erfolgen.

Beim Catering empfiehlt sich der Umstieg auf Mehrweggeschirr, -gläser und -becher sowie Mehrwegbesteck für die Ausgabe von Speisen und Getränken. Bei Getränken in Flaschen sollten Mehrwegflaschen statt Getränkedosen und Einwegflaschen genutzt werden. Mehrwegsysteme lohnen sich auch finanziell: Z. B. amortisieren sich die Mehrkosten eines Mehrweg-Trinkbehälters bereits nach sieben Nutzungen. (Österreichisches Ökologieinstitut 2001, S. 87)

Ein Überschuss an Speisen und Lebensmitteln sollte durch gute Kalkulation des Angebotes vermieden werden. Oft können übriggebliebene Lebensmittel vom Vortag auch am nächsten Tag noch ohne Probleme weiterverarbeitet werden. Wenn Überschüsse bzw. Abfälle entstehen, sollte geprüft werden, ob eine Weitergabe an Dritte (unter Gewährleistung der Lebensmittelhygiene) möglich ist, wie z. B. die Zusammenarbeit mit gemeinnützigen Einrichtungen wie den Tafel-Einrichtungen (siehe **www.tafel.de**).

Im Interesse einer konsequenten Abfalltrennung im Betrieb sollten die Mitarbeitenden über das Trennkonzept informiert werden. Einarbeitungspläne für neue Mitarbeiter sollten konkret auch die Punkte Abfallvermeidung und Abfalltrennung enthalten. Im Alltagsgeschäft sind ausreichende Informationen darüber zur Verfügung zu stellen.

Wichtig ist auch, das Reinigungspersonal, vor allem, wenn dafür eine externe Institution beauftragt wird, mit einzubeziehen und zu verpflichten, die Abfalltrennung umzusetzen. Die Abfalltrennung ist sinnvollerweise dem jeweiligen Bereich anzupassen (vor allem Biomüll, Speisereste in Küche, Gastronomie; Papier, Druckerpatronen in Büroräumen).

Kritische Abfallfraktionen wie Batterien, Farbreste, Leuchtmittel (z. B. Energiesparlampen), Frittierfette, Toner sowie alle anderen Sonderabfälle müssen getrennt gesammelt und unter Einhaltung der entsprechenden gesetzlichen Vorgaben entsorgt werden.

MOBILITÄT
Welche Maßnahmen können helfen:

◉ Empfehlung an Gäste zur Anreise mit der Bahn und aktives Angebot zur Abholung vom Bahnhof; Beschreibung auf der Webseite
◉ ÖPNV-Ticket aktiv den Gästen anbieten und in den Übernachtungspreis inkludieren
◉ Gesicherter und geschützter Fahrradparkplatz
◉ Fahrradverleih und Elektrofahrräder anbieten
◉ Motivation der Mitarbeitenden durch Jobtickets für den ÖPNV und Unterstützung von Mitfahrgelegenheiten
◉ Bei Taxibestellung Fahrzeuge mit alternativen Antrieben bevorzugen

UMWELTSCHONENDE MATERIALIEN

Welche Maßnahmen können helfen?

◉ Inventur und Prüfung der Notwendigkeit eingesetzter Reinigungsmittel
◉ Einsatz umweltverträglicher, biologisch abbaubarer Reinigungsmittel, ausgezeichnet mit dem Umweltzeichen »Blauer Engel« oder anderen Ökolabels
◉ Nutzung automatischer Dosiersysteme bei Wasch- und Spülmaschinen
◉ Einsatz von echtem hundertprozentigem Recyclingpapier bei Druckmaterialien und Hygienepapier, ausgezeichnet mit dem Umweltzeichen »Blauer Engel«
◉ Doppelseitiges Drucken und Kopieren (Voreinstellung an Druckern und Kopierern)
◉ Umstellung auf elektronische Dokumente; Ausdruck nur, wenn unbedingt notwendig
◉ Werbung für einen Veggie-Day

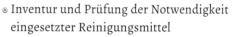

ACCOR HOTEL GRUPPE KOMMUNIZIERT NACHHALTIGKEIT AKTIV!

Die **ACCOR HOTEL GRUPPE** hat im Bereich der nachhaltigen Entwicklung ein eigenes Programm aufgesetzt: PLANET 21 (in Anlehnung an »Agenda 21«). Das Konzept besteht aus sieben Säulen: Health, Nature, Carbon, Innovation, Local, Employment, Dialogue (Deutsch: Gesundheit, Natur, Emission, Innovation, Region, Arbeitsplatz, Dialog). Bereits im Jahr 2011 hatte Accor die Plattform Earth Guest Research (heute Planet 21 Research) für einen Austausch zu nachhaltiger Entwicklung in der Beherbergungsbranche ins Leben gerufen. Die Nutzung ist kostenlos und offen für alle Interessierten. Auf der Plattform wurden auch bereits zwei umfassende Studien publiziert: Eine davon untersucht die Erwartungen und Bedürfnisse von Hotelgästen in Bezug auf eine nachhaltige Entwicklung. Bei der zweiten Studie handelt es sich um die erste umfassende Lebenszyklusanalyse der internationalen Hotelgruppe ACCOR.

Quelle: www.accor.com/en/sustainable-development.html (Einsehdatum 01.05.2014)

NATUR IN DEN POOL

Das 5 Sterne-Hotel **DER STEIRERHOF** im österreichischen Bad Waltersdorf, geführt von Gunda & Werner Unterweger, hat als erstes Hotel in Mitteleuropa einen eigenen »Naturpool« mit 200 m² für Nacktschwimmer. Durch den Verzicht auf Pflanzen und durch ein spezielles Filtersystem, welches auf dem Prinzip der mechanisch-biologischen Wasserreinhaltung basiert, ist keine Chemie notwendig.

Quelle: www.dersteirerhof.at/de/neu-naturpool-gartensaunen.html (Einsehdatum 1.5.2014)

KENNZAHLEN UND BENCHMARKS OFFENBAREN ES!

Für eine Optimierung des Ressourcenbedarfs muss als erster Schritt die Erfassung und Überwachung der Verbrauchsdaten stattfinden. Anhand aussagekräftiger Indikatoren kann beurteilt werden, in welchen Bereichen relevantes Einsparpotenzial vorhanden ist und wie sich die Effizienz im Laufe der Zeit entwickeln kann.

Die zentralen Indikatoren für die Beherbergungsbranche betreffen die Bereiche Energie- und Wasserverbrauch, Abfallaufkommen sowie Treibhausgasemissionen. In einem umfassenden Ressourcenmanagement sollten darüber hinaus auch noch weitere Indikatoren berücksichtigt werden (z. B. zur Materialeffizienz). Die folgende Übersicht beschränkt sich aber auf die wichtigsten Kennzahlen und soll dazu Orientierungswerte aufzeigen. Anhand dieser Benchmarks können Hotelbetriebe ihre eigene Umweltleistung einordnen.

In den Bereichen Energie, Wasser und Abfall wurde auf Daten aus dem EU-Referenzdokument über Umweltmanagementpraktiken im Tourismus zurückgegriffen, bei den Treibhausgasemissionen (CO_2) auf Daten von verschiedenen Gütesiegeln. Dies ist zum einen das ehc-Gütesiegel (eco hotels certified), der My climate hotel check sowie der CO_2-eq-Fußabdruck von Viabono in Zusammenarbeit mit CO$_2$OL (**www.klima-hotels.de**). Die genannten Indikatoren sind zum großen Teil auch die Kernindikatoren, die nach der EMAS-III-Verordnung verpflichtend für alle Branchen zu ermitteln sind.

Als Bezugsgrößen für die Darstellung der spezifischen Kennzahlen (also z. B. Energieverbrauch pro Fläche) wird im Bereich Energie die beheizte und gekühlte Fläche in m², im Bereich Wasser, Abfall und Treibhausgasemissionen die Anzahl der Übernachtungen (ÜN)

herangezogen. Es handelt sich jeweils um den Verbrauch bzw. das Aufkommen pro Jahr.

Es gilt zu beachten, dass der Benchmark für Gesamtenergieverbrauch vor allem für Altbauten anzuwenden ist. In Neubauten oder Betrieben, die Geothermie für Heiz- und Kühlzwecke oder andere regenerative Energien nutzen, die nicht zum Gesamtenergieverbrauch hinzugerechnet werden, wird der Wert meist relativ schnell unterschritten. (European Commission 2012, S. 428)

Der Benchmark für Heizung, Lüftung, Klimatechnik (HVAC) und Warmwasser gilt ebenso vor allem für Altbauten. Für neu errichtete Hotelgebäude sind der Passivhausstandard bzw. der Standard Minergie P (Energiestandard der Schweiz) für Nicht-Wohngebäude heranzuziehen. (European Commission 2012, S. 453)

Der Benchmark Stromverbrauch kann weitgehend für Unterkünfte unterschiedlicher Art und Größe angewendet werden. Für Hotelbetriebe allerdings, die einen hohen Bedarf an Strom für Heiz- und Kühlzwecke aufweisen, ist der Wert höchstwahrscheinlich nicht einzuhalten. (European Commission 2012, S. 483)

Der Benchmark Gesamtwasserverbrauch gilt für Hotels, die in jedem Zimmer über ein eigenes Badezimmer bzw. Dusche verfügen. Für Unterkünfte mit vorwiegend Etagenduschen ist der vorgeschlagene Wert nicht zutreffend. Des Weiteren ist der Benchmark tendenziell auch für Hotelbetriebe mit großem Schwimmbad oder mit eigenem Restaurant, in dem ein großer Anteil der Gäste von außerhalb kommt und nicht zu den Übernachtungszahlen hinzugerechnet wird, nicht adäquat. (European Commission 2012, S. 271)

Der Benchmark Gesamtabfallaufkommen umfasst sortierte und unsortierte Abfälle. (European Commission 2012, S. 381)

ÜBERSICHT WICHTIGER INDIKATOREN INKLUSIVE BENCHMARKS:

Energie

Gesamtverbrauch pro beheizte & gekühlte Fläche	≤ 180 kWh/m²
Stromverbrauch pro beheizte & gekühlte Fläche	≤ 80,0 kWh/m²
Heizung, Klima & Warmwasser pro beheizte & gekühlte Fläche	≤ 75 kWh/m²
Anteil erneuerbare Energien am Stromverbrauch	100%

Wasser

Gesamtverbrauch pro Übernachtung ≤ 140 l/ÜN

Abfall

Gesamtabfallaufkommen pro Übernachtung	≤ 0,6 kg/ÜN
Restmüllaufkommen pro Übernachtung	≤ 0,16 kg/ÜN

WAS ES MIT DER KLIMA-BILANZIERUNG AUF SICH HAT

Zuletzt sind die Treibhausemissionen pro Übernachtung ein wichtiger Indikator für ein nachhaltiges Ressourcenmanagement. Dazu arbeiten die berücksichtigten Zertifizierungen mit unterschiedlichen Benchmarks und Berechnungsmethoden. Es gibt daneben auch noch andere Anbieter für die Klimabilanzierung im Hotelbereich.

ECO HOTELS CERTIFIED (EHC)

Beim Gütesiegel eco hotels certified (ehc) werden Hotelbetriebe hinsichtlich ihrer Emissionen in drei Bereiche klassifiziert. Betriebe im grünen Bereich werden als Top-Betriebe eingestuft. Unterkünfte im gelben Bereich müssen die Emissionen um mindestens 2,5 Prozent jährlich oder 10 Prozent im Zeitraum von vier Jahren reduzieren. Hotels, die im roten Bereich liegen, gelten als Betriebe in ehc-Umstellung. Sie haben ein Jahr Zeit, die Kriterien des gelben Bereichs zu erfüllen. Damit sollen die Betriebe zu einer kontinuierlichen Reduzierung ihres CO_2-eq-Fußabdrucks motiviert werden.

Bei der Ermittlung des CO_2-Fußabdrucks werden die Faktoren Energie, Dienstreisen, Pendelverkehr, Verpflegung, Wasser und externe Wäscherei berücksichtigt. Daneben gibt es Muss-Kriterien wie z.B. die Nutzung von »echtem« Ökostrom. Um verschiedene Arten von Hotels vergleichbar zu machen, werden alle Betriebe anhand eines Umrechnungsfaktors auf Vollpension umgerechnet.

Anhand des Ampelsystems von ehc können Sie die Umweltleistung Ihres Hotelbetriebes hinsichtlich des CO_2-eq-Ausstoßes einordnen.

≤ 10 kg/ÜN

40 kg – 10 kg/ÜN

≥ 40 kg/ÜN

MY CLIMATE HOTEL CHECK

Beim my climate hotel check werden Energie, Dienstreisen, Pendelverkehr, Verpflegung, Verbrauchsmaterialien (z.B. Büroartikel, Toner), Wasser, Wäscherei, Abfallaufkommen sowie darüber hinaus auch Events mit einbezogen. Eine Einstufung der Hotelbetriebe in verschiedene Leistungsstufen hinsichtlich ihrer CO_2-Bilanz findet hier im Allgemeinen nicht statt. Auf Anfrage kann aber eine Einstufung auf Basis der Erfahrungswerte vorgenommen werden. Darüber hinaus bietet my climate für Hotels wie auch für andere Branchen die Kompensation der Treibhausgasemissionen an.

VIABONO KLIMAHOTELS

Für die Zertifizierung Viabono Klimahotels werden die Themen Energie, Dienstreisen, Pendelverkehr, Verpflegung, Verbrauchsmaterialien (z.B. Reinigungsmittel, Hygienepapier, Kühleis), Wasser, externe Wäscherei, Abfall, Lieferverkehr, Printmaterialien und Schnittblumen mit eingerechnet. Des Weiteren findet die Stromeinspeisung aus erneuerbaren Energien besondere Berücksichtigung. Viabono nimmt anhand seiner vorhandenen Daten eine Einstufung der Hotelbetriebe in sechs Stufen vor (A »klimaneutral« bis F »klimaschädlich«). Dabei wird auch die jeweilige Hotelkategorie berücksichtigt.

Derag Livinghotel am Viktualienmarkt: Null-Energie-Haus – für Hotels vielfach noch Neuland.

Boutiquehotel Stadthalle in Wien: das weltweit erste Stadthotel
mit Null-Energie-Bilanz.

herzlich willkommen im weltweit 1. stadthotel mit null-energie-bilanz

welcome to the worldwide 1st cityhotel with zero-energy-balance

FRAGEN ALS UMSETZUNGSUNTERSTÜTZUNG ZUM THEMA

»NACHHALTIGES RESSOURCENMANAGEMENT«

ZENTRALE FRAGEN FÜR EINE ERFOLGREICHE UMSETZUNG	FÜR MEINEN BETRIEB NICHT RELEVANT, GEDANKE WIRD NICHT WEITER VERFOLGT.	RELEVANT, DER FRAGE WURDE BEREITS IM EIGENEN BETRIEB NACHGEGANGEN.	RELEVANT, DER FRAGE WIRD IM EIGENEN BETRIEB NACHGEGANGEN.
Sind Ihre Mitarbeiter für das Thema der Ressourceneinsparung sensibilisiert?			
Involvieren Sie Ihre Mitarbeiter in betriebsspezifische Energiesparmaßnahmen und motivieren Sie Ihr Team, selbst Energiesparmöglichkeiten zu identifizieren?			
Jeder Tropfen zählt – Berücksichtigen Sie mindestens zehn der zuvor aufgeführten Wassermaßnahmen?			
Verfügen Sie über ein Abfallkonzept?			
Sensibilisieren Sie Ihre Gäste für das Thema »umweltschonende Mobilität«?			
Haben Sie drei Betriebe identifiziert, die für Sie als Benchmark bezüglich des Themas Nachhaltigkeit dienen? Hier lohnt sich auch ein Blick in andere Branchen.			

ANGO

IATUR JOGHURT

EN JGHURT

RAHMJOGHURT MIT MOHN

3

Nachhaltiges Einkaufsmanagement

Die Basis der Wertschöpfungskette in Hotellerie und Gastronomie bildet der Einkauf von Dienstleistungen und Produkten.

Die Erfolgsformel lautet: »Ohne nachhaltigen Input kein nachhaltiger Output!« Nachhaltig Einkaufen bedeutet, Produkte zu kaufen, deren Herstellung und Nutzung energiesparend und umweltfreundlich ist. Arbeitskräfte, welche die Waren herstellen, werden angemessen bezahlt und arbeiten unter fairen Bedingungen. Die Waren sollten keine Einmalprodukte sein, sondern sich möglichst lange nutzen und danach recyceln lassen.

VERHALTENSKODEX FÜR LIEFERANTEN

Basierend auf den Grundsätzen der nachhaltigen Entwicklung verankern immer mehr Unternehmen einen Verhaltenskodex für Lieferanten im Unternehmensleitbild, der wichtige soziale, ökologische und ethische Standards darlegt. Von den Zulieferern wird erwartet, dass sie die Regeln dieses Verhaltenskodexes einhalten.

MÖGLICHE FORDERUNGEN SIND:

GESUNDHEITSSCHUTZ, SICHERHEIT, UMWELTSCHUTZ UND QUALITÄT: Die Zulieferer müssen in ihren Unternehmen für ein sicheres und gesundes Arbeitsumfeld sorgen und ökologisch verantwortungsbewusst sowie ressourcenschonend handeln.

UMGANG MIT MITARBEITERN: Von den Lieferanten wird erwartet, dass sie ihre Mitarbeiter respektvoll behandeln und fördern.

ETHIK: Um soziale Verantwortung wahrzunehmen, wird von den Lieferanten erwartet, dass sie ethisch und integer handeln.

MANAGEMENTSYSTEME: Es wird erwartet, dass Lieferanten Systeme einführen, welche die Einhaltung der anwendbaren Gesetze unterstützen und eine kontinuierliche Verbesserung der Nachhaltigkeitsbemühungen fördern.

Die in dem Verhaltenskodex aufgeführten Grundsätze sollten für das Auswahlverfahren und die Leistungsbeurteilung der Lieferanten berücksichtigt werden. Der gastgewerbliche Betrieb sollte seinen Lieferanten diesen Verhaltenskodex mit dem Ziel zur Verfügung stellen, das gemeinsame Verständnis zu stärken, wie Nachhaltigkeit umgesetzt werden soll.

BRANCHENSPEZIFISCHE HERAUSFORDERUNGEN

NACHHALTIGKEIT IM EINKAUF

Bewusst nachhaltiger Einkauf setzt sich ganzheitlich aus ökologischen, ökonomischen und sozialen Aspekten zusammen. Diese Faktoren sollten bestmöglich erfüllt sein, wenn man von nachhaltigem Einkauf spricht. Bioprodukte haben nicht zwangsläufig etwas mit Nachhaltigkeit zu tun, vor allem dann nicht, wenn der Bio-Knoblauch aus China kommt oder die Tomaten aus der sogenannten »Region« stammen, aber laufend mit gefärbtem und gewürztem Wasser hochgezüchtet werden. Nachhaltigkeit – im Sinne von ökologisch oder sozial – im Einkauf umzusetzen ist extrem schwer, weil man zur Umsetzung einen perfekten Marktüberblick und ein ausgezeichnetes Produktwissen haben muss. Und dann leidet die dritte Säule, nämlich die Ökonomie, gegebenenfalls erheblich.

LERNEN VON DEN BRANCHENBESTEN:

1.

LIEFERANTEN-KONZENTRATION: Sie durchleuchten die Menge ihrer Lieferanten und konzentrieren sie getreu dem Motto »so viel wie nötig, so wenig wie möglich.« Das reduziert Verwaltung und Arbeit, denn daraus resultieren weniger Bestellungen, weniger Rechnungen, weniger Warenannahmeprozesse. Und es verbessert die Einkaufsposition: Je mehr Volumen ich einem Lieferanten geben kann, umso besser sind die Aussichten auf optimierte Einkaufspreise.

2.

EINKAUFSRICHTLINIEN: Sie strukturieren ihre Einkaufsabläufe, indem genau festgelegt wird, wie der Einkaufsprozess ablaufen soll. Zudem wird definiert, in welcher Form bestellt wird, wie die Freigabeprozesse sein sollen, wie und wie oft Inventuren durchgeführt werden müssen etc. Dies ist auch dem Fachkräfteengpass zu schulden, denn je weniger Mitarbeiter ein Hotel verfügbar hat, umso mehr muss es auf Effizienz und den schonenden Umgang mit der Ressource Zeit achten. Auch wird es so viel leichter, neue Mitarbeiter einzuarbeiten oder fachlich nicht so versierte Personen einzusetzen.

3.

CONTROLLING: Sie achten sehr genau auf die Einkaufspreisentwicklung, schreiben professioneller und logischer ganze Sortimente aus, die dann auch vertraglich in Rahmenabkommen mit festen Lieferanten fixiert sind.

4.

ELEKTRONIK: Sie setzen deutlich spürbar auf Weblösungen, die sie bei der Umsetzung der zuvor genannten Punkte 1 bis 3 perfekt unterstützen. Diese Webtools sind kostengünstig, technisch ausgereift und vielfach sehr intuitiv zu bedienen. Dies senkt die Hemmschwelle der Mitarbeiter, sie auch zu nutzen.

MCDONALD'S: NACHHALTIGKEIT IN DER GESAMTEN WERTSCHÖPFUNGSKETTE

»Nachhaltigkeit ist bei vielen unserer Zulieferer bereits seit Jahren in der Unternehmensstrategie und im täglichen Handeln verankert. Die Initiativen reichen von Ressourceneffizienz in den eigenen betrieblichen Abläufen, Vermeidung von Abfällen, dem Erhalt regionaler landwirtschaftlicher Strukturen, guten Aus- und Weiterbildungsmöglichkeiten für Mitarbeiter bis hin zur Implementierung des »Total Productive Managements« (TPM) – einem Konzept aus dem Qualitätsmanagement, dessen Ziele unter anderem die Integration von Mitarbeitern sowie die Erhöhung der Effizienz der betrieblichen Abläufe sind. Um unserem eigenen Anspruch gerecht zu werden, schrittweise ein nachhaltigeres Unternehmen zu werden, ist die Zusammenarbeit mit unseren Lieferanten auf der Basis eines gemeinsamen Verständnisses äußerst wichtig. Dies haben wir auch als Ziel in unserer Corporate Responsibility Roadmap formuliert. Im Dialog werden Themen wie beispielsweise sich ändernde Rahmenbedingungen für die Rohwarenbeschaffung, aktuelle Konsumtrends oder auch die Vermeidung von Lebensmittelabfällen in der Produktion eine große Rolle spielen.

Mithilfe einer Environmental Scorecard messen wir bereits jährlich die Fortschritte unserer europäischen Standardlieferanten im Bereich Ökoeffizienz«.

Quelle: McDonald's Deutschland Inc. (2013)

PRODUKTE EINKAUFEN, DIE NICHT NUR EINEM »GREEN WASHING« UNTERZOGEN WURDEN

Letztlich wird es keine hundertprozentige Sicherheit geben; auch Siegel helfen wenig, da deren Vergabe nicht immer seriös erfolgt. Darunter leiden die wenigen seriösen Siegel. Je sicherer ich als Unternehmer gehen möchte, umso mehr muss ich mich detailliert mit den Produkten auseinandersetzen. Von daher ist es ratsam, Nachhaltigkeit – im Sinne von ökologisch oder sozial – Stück für Stück im Hotel umzusetzen. Die komplette Integration eines Nachhaltigkeitssystems wirkt unglaubwürdig, weil sich zwangsläufig das eine oder andere Produkt einschleicht, das nicht den Nachhaltigkeitsaspekten entspricht. Fazit: Entweder richtig oder gar nicht. Und lieber Evolution als Revolution.

DREI MASSNAHMEN DES NACHHALTIGEN EINKAUFSMANAGEMENTS, DIE IM JAHR 2020 ZUM STANDARD GEHÖREN WERDEN

1.
Einkauf Nahrungsmittel: Hohe Sensibilität für Zusatzstoffe, deutlich weniger Fleischgerichte zugunsten vegetarischer oder veganer Gerichte.

2.
Einkauf Energie: Niedrigenergiehotels /-betriebe (aufgrund des Kostendrucks sowie gesetzlicher Vorgaben)

3.
Es existiert nicht mehr die Mogelpackung »Handtuchschilder«, weil sie keinerlei Glaubwürdigkeit bzw. Effekt haben; stattdessen wird es vielleicht das eine oder andere Hotel geben, das dem Gast bei mehrtägigem Aufenthalt eine Preisreduzierung auf den Übernachtungspreis anbietet, wenn das Hotelzimmer nicht gereinigt werden muss. Hieraus resultieren nicht nur monetäre, sondern auch umweltspezifische Ersparniseffekte wie der Verbrauch von weniger Wasser und Reinigungsmitteln.

FRAGEN ALS UMSETZUNGSUNTERSTÜTZUNG ZUM THEMA

»EINKAUFSMANAGEMENT«

ZENTRALE FRAGEN FÜR EINE ERFOLGREICHE UMSETZUNG	FÜR MEINEN BETRIEB NICHT RELEVANT, GEDANKE WIRD NICHT WEITER VERFOLGT.	RELEVANT, DER FRAGE WURDE BEREITS IM EIGENEN BETRIEB NACHGEGANGEN.	RELEVANT, DER FRAGE WIRD IM EIGENEN BETRIEB NACHGEGANGEN.
Existiert in Ihrem Unternehmen ein Verhaltenskodex, nach welchem Lieferanten ausgesucht werden?			
Führen Sie ein spezifisches Einkaufscontrolling durch, in dem Sie auch nachhaltige Aspekte berücksichtigen?			
Gewährleisten Sie, dass Produkte eingekauft werden, die nicht nur einem »Green Washing« unterzogen wurden?			
Strukturieren Sie Ihre Einkaufsabläufe und Freigabeprozesse so, dass Sie auch dem Fachkräfteengpass gerecht werden?			

4

Regionalität – Das Salz in der Suppe

Die DLG Regionalitätsstudie aus dem Jahr 2011 (Unteres Milieu n = 473, Mittleres Milieu n = 464, Oberes Milieu n = 413) zeigt, dass das Thema Regionalität mit 45 Prozent in der Wichtigkeit der Verbraucherthemen eindeutig an erster Stelle steht, vor den Themen »Bio« (22 Prozent) und »Nachhaltigkeit« (21 Prozent). Dies ist keine Modeerscheinung, sondern ein Megatrend. 61 Prozent der Verbraucher glauben, dass uns dieses Thema noch über die nächsten zehn Jahre beschäftigen wird. Regionalität ist dabei vor allem ein Angebots-Thema und kein ethisches Thema: 97 Prozent der Verbraucher geben an, regionale Produkte zu kaufen, weil sie explizit aus der persönlich definierten Region stammen. Aspekte wie Transportwege oder Umweltschonung spielen eine eher untergeordnete Rolle. Je höher der Bildungsgrad und das Einkommen, desto enger wird von den Verbrauchern der Begriff »Regionalität« gefasst und auf ein kleineres Gebiet (z. B. Großraum um eine Stadt) begrenzt. Regionale Produkte sind in der Verbraucherwahrnehmung vor allem frische Landwirtschaftsprodukte, für die gerne, sofern man es sich leisten kann, mehr Geld ausgegeben wird. (www.dlg-verbraucher.info/de)

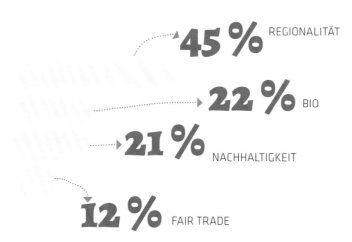

45 % REGIONALITÄT

22 % BIO

21 % NACHHALTIGKEIT

12 % FAIR TRADE

Nicht nur Vielreisende schätzen es, im Hotel oder Restaurant einen Bezug zur Region vorzufinden. Italienisches Mineralwasser, das Bier einer internationalen Brauerei, Möbel und Hotelbilder von der Stange sind aufgrund der Austauschbarkeit nicht geeignet, den Gast emotional an den Betrieb zu binden. Selbst Budget-Hotelketten wie Motel One oder Low-Budget-Hotels wie Meininger verwenden bei der Auswahl der Wandbebilderung und der Designelemente Motive aus der jeweiligen Stadt. Die 25hours Hotels nehmen sogar beim jeweiligen Hotelkonzept Bezug auf den Standort. So ist beispielsweise das Wiener Haus dem Thema Zirkus gewidmet, das Berliner Hotel am Tiergarten steht für Urban Jungle und das Hamburger HafenCity interpretiert das Thema Seefahrt neu.

In der Lobby, den Meeting-Räumen, der Präsidentensuite sowie im Max Palais des Münchner Rocco Forte The Charles Hotels hängen Originale des Künstlers Franz von Lenbach. In den Zimmern sind großflächige Kunstfotografien des Fotografen und Lebenskünstlers Hubertus von Hohenlohe vor Münchner Szenerie ein Blickfang. Ein weiterer Bezug zu München ist der Wandschmuck in jedem Badezimmer – diesen hat der Münchner Architekt Christoph Sattler, der auch die Fassade entwarf, speziell für das Haus in der Nymphenburger Porzellanmanufaktur fertigen lassen. Motive aus der Natur und insbesondere aus der Botanik ziehen sich wie ein roter Faden durch das ganze Haus, so trägt die Wandbespannung im Ballsaal Hopfenmotive.

MOTEL ONE BRÜSSEL –
»BUDGET DESIGN TRIFFT REGIONALITÄT«

Die One Lounge, die Wohnzimmer, Frühstückscafé und Bar in einem ist, verführt in Brüssel mit den Themen Schokolade und Spitze. In Bildern wird die Geschichte der Kakaobohne auf ihrem Weg nach Europa erzählt, und kleine belgische Schokokunstwerke werden unter einem Glassturz ausgestellt.

Auch die weltbekannte Brüsseler Spitze hält Einzug. Die eigens für Motel One mit Spitzenmuster bedruckten Ledermöbel des italienischen Herstellers Baxter sind eine Hommage an das traditionsreiche Handwerk, das sich in Anklängen auf verschiedensten Materialien durch die ganze Lounge zieht. Die belgisch-royale Atmosphäre wird perfekt, denn hinter der Bar grüßt, überdimensional groß, das erste belgische Königspaar, Leopold I. und dessen Ehefrau Louise, die Gäste des Hauses. Eine weitere Besonderheit in Belgien sind die mehr als 1.000 Biersorten. Einige davon können die Gäste von Motel One von einer eigenen Bierkarte bestellen und dabei einen Geschmacksausflug in die belgische Braukunst unternehmen. Und dass die Stadt zu den grünsten in Europa gehört, zeigt auch die großzügige Outdoor Lounge mit Gartenbereich und Brunnen im Innenhof. Dort können die Gäste auf edlen Dedon Möbeln frühstücken oder einfach nur entspannen.

Quelle: www.motel-one.com/uploads/media/PM_Eroeffnung_Motel_One_Bruessel.pdf (Einsehdatum 14.5.2014)

Das Rocco Forte The Charles Hotel erzählt in seiner Innengestaltung dreierlei Geschichten: die der Familie Forte, die des Alten Botanischen Gartens und die von München und seinem Kunsterbe.

DIE TRÄUMEREI IN MICHELSTADT – EIN ECHTES BAMBI AM TRESEN

Die Schauspielerin Jessica Schwarz hat zusammen mit ihrer Schwester Sandra am 15. August 2008 ein an das Elternhaus angrenzendes verfallenes Gebäude aus dem Jahr 1623 in ein Hotel Garni mit 5 Zimmern und Café verwandelt, **DIE TRÄUMEREI**. Der kleine Betrieb in Michelstadt im Odenwald, Mitglied bei Design Hotels, ist eine gelungene authentische Mixtur aus themenorientierten Zimmern, Zeugnissen der Schauspielkarriere der Eigentümerin und Verbundenheit zur Region. Im Café werden u.a. hauseigene Limonaden und Kuchen aus der Landbäckerei angeboten, das gewonnene goldene Bambi kann angefasst werden. Auf der Terrasse auf dem kleinen Platz, den die Schwestern »Heimat« nennen, kann sich der Gast von der benachbarten Hausbrauerei der Eltern eine von sechs ständig wechselnden Biersorten oder auch ein odenwaldtypisches Schnitzel mit Kochkäse bestellen. In den Zimmern mit den Namen Goldspeicher, Jademansarde, Elfenbeinzimmer. Malvensuite und Vergissmeinicht (letzteres im Nachbarhaus, das ehemalige Kinderzimmer der Schauspielerin) finden sich Möbelunikate und unter anderem alte Drehbücher, Stühle von Filmsets oder Kinositze.

Quelle: www.die-traeumerei.de

AUERHAHN BENUTZT BIOKOSMETIK

Ferdinand Thoma, Betreiber des **HOTEL AUERHAHN** am Schluchsee und des Bio-Wellnesshotel Alpenblick im Südschwarzwald, beobachtete bei seinen Gästen Vorfälle mit allergischen Reaktionen auf Kosmetikprodukte der Vertragspartner. Da er dies als Gastgeber nicht akzeptieren wollte, arbeiten die Therapeuten und Kosmetikerinnen mittlerweile fast nur noch mit regionalen Produkten aus heimischen Pflanzen. Anfänglich nutzte er Fichtenschösslinge, mittlerweile gibt es fünf Serien mit unterschiedlichen Substanzen, vom Gesundheitsunternehmen Fresenius mikrobiologisch getestet. Ferdinand Thoma gründete eine eigene Firma, die Kokoderma Cosmetics, Schluchsee, von der aus er seine Schwarzwälder Wellnessprodukte, die »Fichten-Wichtel«, mittlerweile u.a. bis nach Italien liefert. Das Labor befindet sich aktuell im Hotel Auerhahn, und die Rezepturen macht der Chef als gelernter Koch persönlich.

Quelle: www.ahgz.de/hotelier/die-natur-zurueck-ins-spa-holen,200012209188.html
(Einsehdatum 15.5.2014)

Das Motto Rhönerlebnis PUR! ist im Rhönschaf-Hotel »Krone«, Ehrenberg-Seiferts und der angrenzenden »Schau-Kelterei« Programm.

Kulinarisch setzt das Küchenteam auf die Rhön, und dies zeigt sich nicht nur in dem in verschiedenen Variationen zubereiteten Rhönschaf. Vor 20 Jahren wurde dieses seltene Tier durch das Angebot auf der »Krone-Speisekarte« vor dem Aussterben gerettet. Wer das Schäferleben »live« nachvollziehen will, der kann eine Nacht in einem der original Schäferwagen verbringen. Wer es gemütlicher liebt, der ist in den mit Rhöner Hölzern erbauten Rhönschaf-, Apfel- oder KuschelSchaf-Zimmern bestens aufgehoben. Das Radler heißt hier Apfelbier, und es werden 15 verschiedene Sorten Apfelwein angeboten. In der kleinen Apfelkelterei kann man nicht nur im Herbst zur Apfelzeit Wissenswertes zur Rhöner Paradiesfrucht erfahren und verkosten. **(www.rhoenerlebnis.de)**

Grundsätzlich bestehen zwischen Gastgewerbe und Standort diverse Abhängigkeiten. Auch Hotels oder Gastronomiebetriebe, die selbst eine Destination darstellen, wie Wellnesshotels oder Resorts, können nur erfolgreich sein, wenn Gäste zusätzlich zu der Übernachtung ein vielfältiges regionales Angebot vorfinden. Aus diesem Grund sollten Gastgeber ein natürliches Interesse haben, das sich die Region der Nachhaltigkeit verschreibt. Dies bezieht sich sowohl auf die ökologische, als auch auf

die wirtschaftliche und soziale Entwicklung der Umgebung.

Eine starke Abhängigkeit von der Region findet sich auch bei Stadthotels. Sowohl Geschäfts- als auch Freizeitreisende buchen bestimmte Beherbergungsbetriebe, da sie eine gewisse Atmosphäre spüren möchten. Während der Gast in München das bayerische Lebensgefühl sucht, atmet er in Hamburg Seeluft ein und wird im umtriebigen Berlin mit der deutschen Geschichte konfrontiert. Ein austauschbares Hotelkonzept, welches lokale Einflüsse nicht berücksichtigt, ist in der Regel weniger erfolgreich. Je höher die Zufriedenheit der Gäste, desto höher die Rücklaufquote für die Region.

DIE REGION SIND WIR!

Die Frage nach der Zielgruppe ist sowohl bei wirtschaftlichen als auch sozialen Maßnahmen unentbehrlich. Daher sollte sich zu Beginn jeder gastgewerbliche Betrieb darüber bewusst sein, wer hinter dem Begriff Region steht. Am Anfang vieler Nachhaltigkeitsworkshops erarbeiten Mitarbeiter zumeist eine »Stakeholder Map«, die helfen kann, ein breites Bild über die Interessenvertreter zu geben. Wenn die Teilnehmer der Workshops aus verschiedenen Bereichen und Hierarchiestufen kommen, ist es möglich, die große Bandbreite von Interessengruppen aufzudecken, da oft

nur bestimmte Mitarbeitergruppen Kontakt zu speziellen Lieferanten oder Dienstleistern haben, die bei einseitiger Betrachtung vergessen werden. Das Resultat ist eine komplette Liste mit direkten Kontakten wie Kunden und Lieferanten, wie auch mit indirekten Kontakten wie Passanten und benachbarten Unternehmen. Die Ergebnisse werden anhand eines Kreisdiagramms nach deren Relevanz für den gastgewerblichen Betrieb geordnet. Das Diagramm »Die Interessenvertreter« hilft dabei, das Konzept in konkrete Interessengruppen aufzubrechen. Es zeigt alle Parteien, die ein Interesse an dem nachhaltigen Wirtschaften des Hotels oder gastronomischen Betriebes haben. Zugleich sind es auch die Parteien, die der Gastgeber beeinflussen kann.

Am Ende des Brainstorming-Workshops sind erfahrungsgemäß viele Teilnehmer hinsichtlich der Ergebnisvielfalt überrascht, da die einzelnen Mitarbeiter sonst oft mit nur wenigen Gruppen in Kontakt stehen und selten Einblicke in andere Bereiche erhalten. Durch die bestehenden Beziehungen mit diesen Interessengruppen hat der Betrieb eine größere Chance, sich für eine nachhaltige Entwicklung in der Region einzusetzen. Wenn sich Hoteliers und Gastronomen der Interessengruppen bewusst sind, können sie mit gezielten Maßnahmen auf die Partner Einfluss nehmen und langfristige Kooperation in Bezug auf nachhaltige Maßnahmen einleiten.

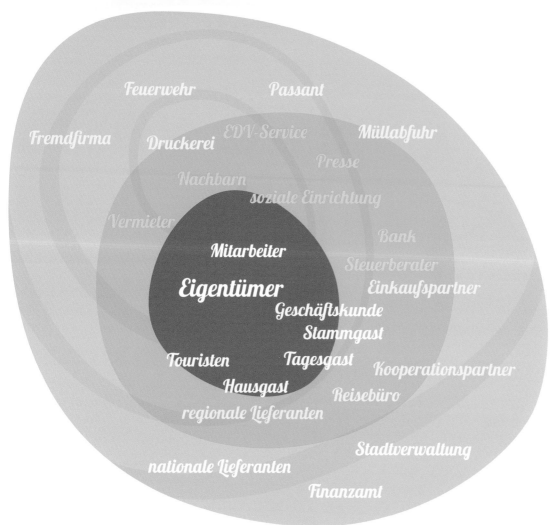

Feuerwehr
Passant
Fremdfirma
Druckerei
EDV-Service
Müllabfuhr
Presse
Nachbarn
soziale Einrichtung
Vermieter
Bank
Mitarbeiter
Steuerberater
Eigentümer
Einkaufspartner
Geschäftskunde
Stammgast
Touristen
Tagesgast
Kooperationspartner
Hausgast
Reisebüro
regionale Lieferanten
Stadtverwaltung
nationale Lieferanten
Finanzamt
Interessenvertreter

INTERESSENVERTRETER EINBEZIEHEN, WIE GEHT DAS?

Nachdem der Gastgeber die Interessenvertreter identifiziert hat, muss er sich darüber Gedanken machen, wie die einzelnen Unternehmensentscheidungen die Parteien in der Region beeinflussen werden, da jede Entscheidung direkte und indirekte Auswirkungen auf die Gesellschaft hat. Dies ist auf der einen Seite wichtig bei großen Unternehmensentscheidungen, wie die Ausweitung des Hotelangebotes oder der Ausbau des Hotelgebäudes, auf der anderen Seite bei Entscheidungen in einzelnen Abteilungen (Auswahl der Reinigungsprodukte etc.). Selbst positive Unternehmensentscheidungen können negative Auswirkungen in der Region haben. Ein

Beispiel hierfür wäre eine Gastwirtschaft, die aufgrund von schönem Sommerwetter den Getränkeservice im Außenbereich verlängert. So mag diese Maßnahme für den Gastronomiebetrieb zusätzliche Gäste bringen, die Anwohner jedoch müssen abends mit mehr Lärm rechnen. Deshalb sollten gesellschaftliche Auswirkungen bei jeder Unternehmensentscheidung berücksichtigt werden.

Die offensichtlichste, jedoch zugleich schwierigste Maßnahme hierfür ist der Einbezug der Interessenvertreter bei Unternehmensentscheidungen. Gespräche mit Vertretern der Region helfen dem Gastgeber, sich über die Auswirkungen der geplanten Maßnahmen bewusst zu werden. Diese Gespräche können bei guter Partnerschaft individuell geführt wer-

Das Bachmair Weissach – eine gelungene Hotelerweiterung im Tegernseer Stil.

den oder auch bei Gemeindetreffen zustande kommen.

Der Dialog trägt dazu bei, dass die Vertreter über zukünftige Entscheidungen informiert sind und sich bei Veränderungen der Region darauf einstellen können. Sollte es Vorbehalte geben, können diese entweder im Gespräch gelöst oder Verbesserungsvorschläge eingebracht werden. Oftmals sind es kleine Details, die dazu beitragen, dass das Projekt für alle Parteien erfolgreich ist und zur nachhaltigen Entwicklung der Region beiträgt.

DAS GEBÄUDE UND DIE UMGEBUNG – EINE WICHTIGE SYMBIOSE!

Wenn Gastgeber über den Einbezug der Interessenvertreter nachdenken, kommen ihnen als Erstes die mühsamen Verhandlungen bei Neu- oder Umbauarbeiten der vorherigen Projekte in den Sinn. Zu oft kommen Hoteliers erst im Rahmen von Genehmigungsverfahren mit den örtlichen Behörden oder den Nachbarn in Kontakt. Da die meisten lokalen Gesetze eine Mitbestimmung der Gemeinde oder Stadt bei Umbauten voraussetzen, bleibt den Gastgebern nichts anderes übrig, als sich der Herausforderung zu stellen.

Das Hotelgebäude an die örtlichen Gegebenheiten anzupassen kann bei innovativen Bauplänen sehr schnell eine große Herausforderung für den Architekten bedeuten. Jedoch sollte dies als Chance gesehen werden, das Hotel stärker in die Region einzubinden. Intuitiv suchen Hotel- und Restaurantgäste nach Betrieben, die den Charakter der Region widerspiegeln. Dass sich bestehende traditionelle Bauweisen mit modernen Elementen gut verbinden lassen, ist ebenfalls kein Geheimnis. Ein durchdachtes, regional beeinflusstes Baukonzept kann dazu führen, dass Hotels zu Merkmalen bestimmter Gegenden und Landschaften werden. Dies wäre ein Erfolg sowohl für die Region als auch für das Hotel.

GLAMPING – DAS NEUE, GRÜNERE ÜBERNACHTEN?

Ein neuer Urlaubstrend aus Asien und Amerika erobert derzeit die Reisewelt: »GLAMPING« – eine Zusammensetzung der Wörter »glamorous« und »Camping«, Luxus-Zelten.

Ein Zelt und die Natur sind aber auch das Einzige, was Glamping mit traditionellem Campen zu tun hat: Glamper nächtigen auf Fünf-Sterne-Niveau in King-Size-Betten. Es gibt zelteigene Warmwasserduschen und eine Gourmet-Vollpension. In manchen der Glamping-Camps werden ein persönlicher Butler, ein Wi-Fi-Internet-Zugang sowie zahlreiche Körper und Geist verwöhnende Spa-Behandlungen angeboten. Wie Hotelzimmer müssen solche »Stoffpaläste« aber vorreserviert werden.

Die eingefleischten Camping-Fans mag das alles abstoßen, aber sie sind auch gar nicht die Zielgruppe: Glamping ist eher etwas für Leute, die zwar die Romantik eines Urlaubs im Zelt und die Natur suchen, dabei aber auf keinerlei Annehmlichkeiten verzichten möchten. Und das hat seinen Preis: pro Person und Nacht ab 250 Euro aufwärts.

Besonders bekannt in der Glamping-Branche ist das US-amerikanische Unternehmen »Paws up«, das unter anderem ein Luxuszelt-Ressort in Montana betreibt. Aber auch das »Clayoquot Wilderness Resort« in der Nähe von Tofino auf Victoria Island im kanadischen Bundesstaat British Columbia und das »Boulders Camp« in Namibias Namib-Rand-Naturreservat gelten unter Glampern als Top-Locations.

Anbieter in Europa sind zum Beispiel das Hotel Whitepod in Les Giettes, welches über 15 kuppelförmige Zelte verfügt, oder der Caravan Park Sexten in Südtirol.

Glamper sind auch die Zielgruppe, die auch gerne in Baumhaushotels, umgebauten Airstreamers oder restaurierten Schäferwagen, die auf Streuobstwiesen stehen, übernachten.

Quelle: www.pm-magazin.de/r/gute-frage/was-ist-glamping (Einsehdatum 14.05.2014)

Zwei wichtige Schritte sind bei einem regional angepassten Bauplan zu beachten. Die erste Herausforderung besteht darin, die regionalen Gegebenheiten und besonderen Stile herauszuarbeiten. Jede Region hat verschiedene kulturelle Einflüsse, die es zu entdecken und in das Baukonzept einzubauen gilt. Der zweite Schritt liegt darin, die Bevölkerung regelmäßig über Pläne zu informieren und zu befragen. Es geht hierbei nicht um Schadensvermeidung, sondern um den Einbezug der Interessenvertreter. Oft ergeben sich durch den Einbezug neue Ideen oder es werden zukünftige Schwierigkeiten frühzeitig erkannt und aus dem Weg geschafft.

REGIONALE PARTNERSCHAFT, NICHT »PARTNER SCHAFFT«

So können sich die Vertreter der Region nicht nur bei Veränderungen gegenseitig informieren oder auf die Einflüsse der gegenüberliegenden Partei Rücksicht nehmen, sondern es ergeben sich idealerweise regionale Partnerschaften. Dies ist für die Region ein weiterer Schritt in Richtung nachhaltiger Entwicklung.

Viele Wirte sind sich zwar der großen Abhängigkeit bewusst, sehen ihre Funktion selbst aber mehr als Thermometer denn als Thermostat. Veränderungen, geschweige denn Verbesserungen, lägen nicht in der Hand des Hoteliers (»Thermometer«). Es geht aber vielmehr darum, sich an die Veränderungen in der Region anzupassen (»Thermostat«).

In der Theorie klingt es natürlich einfacher, als dies in der Praxis der Fall ist. Jede Region hat verschiedene Bedürfnisse und Partnerschaften, die gegenseitiges Vertrauen bedingen. Der Appell hierzu ist, dass sich die Gastgeber der Funktion als Vermittler bewusst werden und die Aufgabe wahrnehmen, regionale Partnerschaften zu initiieren.

Wichtig sind hierbei, die verschiedenen Formen der Kooperationen zu beachten. Viele der Partnerschaften gehören zum täglichen Geschäft und werden oftmals gar nicht mehr als solche erkannt. Beispielsweise vertraut das Hotel bei langjährigen Kooperationen mit regionalen Lieferanten auf die Qualität und den Preis der Lieferware, der Lieferant vertraut im Gegenzug auf die entsprechende Bezahlung. Je besser das Vertrauen und die Kommunikation sind, desto wichtiger ist die Partnerschaft für beide Parteien. Dabei unterstützen sich die Parteien in vielen Fällen sogar bei Engpässen oder Zahlungsschwierigkeiten.

Eine stark wachsende Form der regionalen Partnerschaft ist die gemeinsame Vermarktung. Am Anfang schließen sich oft Hotels mit anderen Hotels in der Region zusammen und werben gemeinsam für eine ähnliche Zielgruppe. Der zweite Schritt besteht darin, verschiedene Leistungsträger im Tourismus in die Kooperation einzubeziehen und ein einheitliches Destinationsmarketing aufzubauen. Die Partnerschaft sollte unter anderem aus Vertretern von Hotels, Gastronomiebetrieben und Attraktionen (Freizeitparks, Seilbahnen, Schifffahrt etc.) bestehen. Zudem können die Gemeindeverwaltung sowie lokale Wirtschaftsvereine die Arbeit in unterschiedlicher Art und Weise unterstützen. Eines der bekanntesten Beispiele für regionale Vermarktungskooperationen ist die Tirol Werbung GmbH, die aus vielen verschiedenen Mitgliedern im Tourismus und im Freizeitwirtschaftssektor besteht. Die Region Tirol steht heute für einen qualitativ

REGIONALE KLÖSSE AUF DEM BURGBERG

Das Eisenacher HOTEL AUF DER WARTBURG, welches 2014 seinen 100sten Geburtstag feierte, möchte seinen Gästen in den verschiedenen gastronomischen Outlets ein authentisches Thüringen-Erlebnis bieten. Aus diesem Grund arbeitet das Haus unter der Leitung von Jens Dünnbier seit geraumer Zeit mit der Heichelheimer Kloßmanufaktur zusammen. Auf der Wartburg-Terrasse bekommen die großen und kleinen Gäste nun anstatt Pommes & Co. diverse Kloßvariationen. In der Landgrafenstube im Haupthaus steht die Wartburg-Vesper auf der Karte, die sich aus kleinen Kostproben regionaler Spezialitäten zusammensetzt.

Quelle: www.wartburghotel.arcona.de/kulinarik (Einsehdatum 02.05.2014)

hochwertigen Urlaub in den Bergen mit einer Reihe von Freizeitaktivitäten. Das Tiroler Logo sehen Gäste vermehrt als Qualitätssiegel und trendiges Markenzeichen, das die Hotelbetriebe der Region mit Auslastungszuwächsen bereichert. Zudem führt die Tourismusorganisation eine interne Qualitätskontrolle durch, um die Betriebe kontinuierlich auf einem hohen Qualitätsstandard zu halten und den Gästen ein einheitliches, hohes Qualitätserlebnis zu bieten.

Eine weitere Art der Partnerschaft mit Unternehmen in der Region ist ein Mitarbeiter-Benefits-Programm. So können Hotels mit Einzelhändlern aus der Umgebung eine Partnerschaft eingehen, um Mitarbeiter mit speziellen Einkaufsrabatten an die Umgebung zu binden. Die meisten Hotelmitarbeiter wohnen nicht in der Umgebung und nutzen daher nur bedingt den Einzelhandel vor Ort. Durch spezielle Konditionen können Geschäfte Einkaufsvorteile für die Mitarbeiter in der Region anbieten. Die Geschäfte profitieren von neuen Kunden, ohne die Preise für bestehende Kunden zu verringern. Erfolgreiche Benefits-Programme zeigen, wie Hotelbetriebe Partner in der Region gewinnen konnten und Mitarbeitern mit Mitarbeiterkarten bei Unternehmen in der Umgebung Rabatte bis zu 30 Prozent verschafften. Die Teilnehmer der Partnerschaft profitieren durch neue Kunden, das Hotel davon, dass das Programm als Teil des Mitarbeiterprogramms geschätzt wird. Persönlich kennengelernte Geschäfte werden zudem gerne von den Mitarbeitern an Gäste weiterempfohlen.

Eine neue Art der regionalen Kooperation im Bereich Einkauf und Personal zeigt sich seit ein paar Jahren in verschiedenen Formen bei Privathoteliers, da sie erkennen mussten, dass sich die Konzernhotellerie durch die Bündelung von Ressourcen, vor allem im Bereich Einkauf und Personal, große Vorteile

erarbeitet hat. Für Konzernhotels besteht die Möglichkeit, durch Bündelung der Einkaufsmengen wesentlich günstigere Einkaufskonditionen im Vergleich zu Privathotels generieren. Zudem zieht es immer mehr junge Talente aufgrund der Aufstiegs- und Weiterbildungsmöglichkeiten zu Hotels mit Konzernstrukturen. Diese Vorteile haben Hoteliers wie die Gründer der Kooperation »die Privathoteliers« erkannt und sich in der Region Südbayern zusammengeschlossen. Über die vergangenen fünf Jahre konnte die Kooperation durch strategische Bündelung Einsparungen im Einkauf von durchschnittlich 20 Prozent erzielen, bei gleichbleibender Qualität und verstärkter Zusammenarbeit mit regionalen Lieferanten. Auch im Bereich Personalaustausch konnten mehrere Mitarbeiter die Aufstiegschancen durch den Wechsel zu einem Kooperationspartner wahrnehmen. Ein regelmäßiges Treffen der Hoteliers ermöglicht den Erfahrungsaustausch zu verschiedenen administrativen Themen wie Versicherungen und neuen gesetzlichen Rahmenbedingungen. Die in der Kooperation behandelten Gesprächspunkte können sich den jeweiligen Interessen der Partner anpassen, da standortähnliche Betriebe mit ähnlichen Herausforderungen konfrontiert sind. Ein Vorteil dieser Kooperation liegt darin, dass bei der Auswahl der Kooperationspartner bewusst darauf geachtet wird, nur Betriebe mit ähnlichem Qualitätsverständnis aufzunehmen. Dies hilft bei der Verständigung auf bestimmte Produkte und verbessert die Bündelung in verschiedenen Bereichen. Unter anderem werden beispielsweise die Reinigungsmittel vom selben Unternehmen bezogen, was zu großen Preisersparnissen geführt hat. Dies ist natürlich nur möglich, wenn Kompromissbereitschaft bei allen Partnern vorhanden ist.

HOTELLERIE ALS KATALYSATOR FÜR GUTE ARBEITSPLÄTZE IN DER REGION

»Ohne Mitarbeiter kein Hotel«, betitelt die Fachzeitschrift Top hotel einen Beitrag zu dem Thema Fachkräftemangel in der deutschen Hotellerie. Dieser treffende Satz beschreibt, dass das wichtigste Kapital jedes Hotels die Mitarbeiter sind. Selbst durch Automatisierung verschiedener Bereiche tragen die Kontakte mit den Mitarbeitern eines Hotels grundlegend zum Wohlbefinden der Gäste bei. Um einen guten Servicestandard zu bieten, benötigt jedes Hotel gut ausgebildete und motivierte Mitarbeiter aus der Region.

Gastgewerbliche Betriebe benötigen für das tägliche Geschäft eine große Anzahl an unterschiedlichen Fachkräften. In Bezug auf Regionalität besteht die Chance, dass die meisten Positionen durch Mitarbeiter aus der Region gefüllt werden können. Hotels bieten hierzu zwei Vorteile. Erstens werden viele verschiedene Positionen benötigt, die verschiedene Funktionen abdecken. Die Bereiche Reinigungspersonal, Servicepersonal, Küchenpersonal sowie Administration verlangen Mitarbeiter mit unterschiedlichen Fähigkeiten.

Jedoch besteht in einigen Bereichen der Vorteil, dass die Arbeitskenntnisse schnell erlernt werden können und daher für Quereinsteiger gut geeignet sind. Insbesondere in den Arbeitsfeldern Reinigung und Service kann eine große Anzahl an Arbeitskräften eingesetzt werden, die keine oder wenig Berufserfahrung mitbringen. Dies ist ein Vorteil für die Region, den wenige Branchen vorweisen können. Der Bereich Ausbildung ist sehr wichtig für die Hotellerie sowie die nachhaltige Entwicklung der Region. Das Hotel erhält motivierte junge Mitarbeiter, die mehrere Abteilungen durchlaufen und daher an Weitsicht im Unternehmen gewinnen. Die Erfolgsgeschichten von Auszubildenden, die sich nach der Ausbildung im Unternehmen profilieren, zeigen, wie wichtig ein Ausbildungssystem für ein nachhaltiges Hotel ist. Zudem bieten Ausbildungsprogramme wichtige Wachstumsimpulse für die Region. Auszubildende können in der Hotellerie eine Reihe von praktischen sowie theoretischen Fähigkeiten erlangen, die in vielen Branchen geschätzt werden. Mitarbeiter mit abgeschlossener Ausbildung haben eine wesentlich größere Chance, eine Arbeitsstelle zu finden, selbst außerhalb der Hotellerie. Vor allem beim Thema Jugendarbeitslosigkeit können Ausbildungsprogramme

UPSTALSBOOM MACHT SCHULE

»Friesenherz grenzenlos – Moin Moin to Ruanda« lautet das Motto, unter dem UPSTALSBOOM HOTELS UND FERIENWOHNUNGEN die STIFTUNG FLY & HELP beim Bau einer Schule in Ruanda unterstützt.

Für einen guten Zweck mit dem Kleinflugzeug um die Welt: Im Januar 2010 startete Reiner Meutsch mit einem Kleinflugzeug zur Weltumrundung, bei der er zugleich Hilfsprojekte in Ghana, Ruanda, Indien, Indonesien sowie Brasilien besuchte und unterstützte. Schulbildung ist die Grundlage für ein selbstbestimmtes Leben. Wer Lesen und Schreiben gelernt hat, kann sich seine eigene Meinung bilden und bestehende Ungerechtigkeiten hinterfragen. In vielen Regionen der Welt gehört eine angemessene Schulbildung aber immer noch nicht zu den Grundrechten.

»Mit meiner Stiftung FLY & HELP möchte ich auf die Problematik aufmerksam machen und den Kindern eine Chance geben, damit sie das Leben selbst in die Hand nehmen können«, so Reiner Meutsch, Initiator der Stiftung FLY & HELP. Mit Hilfe der Spenden errichtet die Stiftung neue Schulen, Kindergärten und Waisenhäuser in Entwicklungsländern. Bis 2025 sollen insgesamt 100 Projekte rund um den Globus mit Spendengeldern initiiert, gefördert und betreut werden.

»Helfen Sie uns dabei! Beim Check-out können Sie sich entscheiden, ob Sie € 1 spenden möchten. Dieser wird dann automatisch Ihrer Rechnung hinzugebucht.«

Quelle: www.upstalsboom.de/urlaubsservice/fly-help/#submenu_anker (Einsehdatum 11.05.14)

helfen, junge Erwachsene weiterzubilden und ihre Jobaussichten zu verbessern. Daher ist es nicht nur für Hotels von Bedeutung, ein gutes Ausbildungsprogramm anzubieten, sondern es ist ein Gewinn für die gesamte Region. Zu wenige Hotels erkennen, dass sie schon durch das Angebot eines Ausbildungsprogramms zu einer nachhaltigen regionalen Entwicklung beitragen.

Das Thema Personalmanagement ist für Hotels, genauso wie für die Region, von hoher Bedeutung. Gerade aufgrund der großen Anzahl an Mitarbeitern in unterschiedlichen Funktionen fällt es vielen Hoteliers sehr schwer, ein nachhaltiges Personalmanagement einzuführen. Selbst die Förderung oder Weiterbildung wird oft nur für die obere Managementebene angeboten. Die Basis, die den überwiegenden Teil der Mitarbeiter im Hotel darstellt, wird selten gefördert. Dadurch bestärken viele Ho-

tels den schlechten Ruf, den sich die Hotellerie in Bezug auf Arbeitsplätze über die Jahre angeeignet hat. Dass sich jedoch die Zufriedenheit der Mitarbeiter direkt auf die Gästezufriedenheit auswirkt, sollte eigentlich jedem Gastgeber bewusst sein. Auch für die Region hat die Qualität der Arbeitsplätze Auswirkungen. Bei einem attraktiven Stellenangebot (mit Weiterbildungsmöglichkeiten etc.) ist die Wahrscheinlichkeit größer, dass qualifizierte Mitarbeiter in die Region kommen und alle offenen Stellen besetzt werden können. Des Weiteren können vorbildliche Führungsmethoden und Mitarbeiterprogramme andere Betriebe in der Umgebung ermutigen, sich für das eigene Mitarbeiterwohl einzusetzen, und dadurch einen Multiplikator-Effekt erzeugen.

Als Katalysator für mehr soziale Integration und Nachhaltigkeit in der Region sehen sich die Embrace-Hotels Deutschland. Der Ver-

Embrace Hotelverbund: 1993 wurde das Stadthaushotel Hamburg europaweit als erstes integratives Hotel gegründet und steht heute unter der Trägerschaft von jugend hilft jugend Hamburg.

Embrace Hotelverbund: Seehörnle – Hotel und Gasthaus.

SERGI AROLA IM HOTEL W VERBIER

Die Autoren im Gespräch mit Sergi Arola

Das **W VERBIER** ist das erste Alpendomizil der Starwood Designmarke W Hotels. Für das gastronomische Konzept wurde der aus Barcelona stammende Sergi Arola, einer der kreativsten Akteure der spanischen Alta Cocina, verpflichtet.

In der Schweiz besuchte er mehrere Monate Produzenten und lokale Hersteller, um sich von der Vielfalt sowie der Qualität der Schweizer Produkte, insbesondere der aus dem Alpenraum inspirieren zu lassen.

Sergi Arola kombiniert seine eigenen Kreationen mit Interpretationen klassischer Schweizer Gerichte, wie beispielsweise: Schweizer Trockenfleisch mit Raclettekäse an einer Zitronenvinaigrette; geschmorte Schweinsbäggli mit lokalem Geisskäse, Gerstenrisotto mit Gruyère und zum Dessert Beignets mit Williamsbirnensorbet.

bund unterstützt über 40 Hotels in Europa, die sich als integrative Hotelbetriebe für Chancengleichheit einsetzen, mit dem Ziel, dass jeder Mensch gleich bedeutend für die Gesellschaft ist, wenn er sich mit seinen Möglichkeiten und Fähigkeiten einbringen und entwickeln kann. Dies zeigt sich unter anderem darin, dass die Hälfte der ca. 1.200 Mitarbeiter im Hotelverbund Menschen mit Behinderung sind, die einen dauerhaften Arbeitsplatz haben und in manchen Hotels nach einem Ausbildungsprogramm in andere Hotels vermittelt werden. In den professionell geführten Hotels arbeiten Mitarbeiter mit Behinderungen in allen Abteilungen der Hotels und haben direkten Gästekontakt. Durch den Erfolg der Betriebe sind die Hotels auch für anderen Kollegen in der Region ein Vorbild, vor allem, da soziales Denken in der Hotellerie von den Gästen anerkannt und honoriert wird. Der Satz »Es ist normal, verschieden zu sein« von Richard von Weizsäcker wird in den Embrace-Hotels gelebt und als Botschaft in die Region getragen.

VOM TELLERWÄSCHER ZUM MILLIONÄR
Bei dem Traum, sich vom Tellerwäscher zum Millionär hochzuarbeiten, geht es darum, dass ungeachtet der sozialen Umgebung oder der eigenen Fähigkeiten jedem Menschen der Weg zu einem wirtschaftlichen Aufstieg durch Arbeit offen stehen sollte. Der Grund für die Auswahl des Tellerwäschers ist darauf zurückzuführen, dass der Mitarbeiter in die-

URBAN GARDENING UND BIENENZUCHT ALS TREND?

Im Wiener **HOTEL DANIEL** ist beides ein großes Thema. Urban Farming inmitten der Großstadt. Selbst gezogene Gemüse und Weinreben im Vorgarten begrüßen die ankommenden Gäste. Als Rebsorte wurde die robuste Wildbacherrebe gewählt, und als Begrünung und Bodenverbesserer zwischen den Zeilen fungiert wuchernder Alexandrinerklee. Gleich nebenan wachsen Tomaten, Gurken, Kürbisse und diverse Kräuter. Aus diesen wird unter anderem ein hauseigenes Kräuteröl gemacht. Unternehmer Florian Weitzer realisierte ein weiteres innovatives Projekt: Auf dem Dach des Hotels wurden Apfelbäume gepflanzt. Nicht weit davon wurden Bienenhäuser errichtet, eine Kooperation mit »Bee Local – Artisan Neighbourhood Honey«, die erste außerhalb der USA, initiiert. Im Frühjahr 2012 wurde das Bienenprojekt unter der Aufsicht des Wiener Imkermeisters DI Dietmar Niessner (www.bienenschule.at) mit der Ansiedelung von zwei Kolonien auf dem Hoteldach gestartet und sukzessive auf fünf Bienenvölker erweitert. Zudem wurde eine Bee Station aufgestellt – ein vom Engländer Jamie Hutchinson entwickeltes kleines »Haus« für Bienen, das zum Brüten, für eine kurze Verschnaufpause oder als Bienentränke an heißen Tagen dient.

Quelle: www.hoteldaniel.com (Einsehdatum 10.10.2014)

sem Bereich wenig Berufserfahrung benötigt und sich lediglich durch seinen körperlichen Einsatz beweisen kann. Allein die harte Arbeit zählt, sonst nichts. Ein zweiter Grund für die Auswahl könnte auch darin liegen, dass das Gastgewerbe viele verschiedene Einsatzmöglichkeiten bietet und dabei jedem Menschen den Aufstieg zu einem besseren Einkommen bieten kann. So besteht die Möglichkeit, dass Tellerwäscher nach interner Ausbildung die Laufbahn eines Kochs oder Kellners einschlagen. In einer Reihe von Hotels wurden und werden zudem Mitarbeiterinnen, die als Reinigungspersonal im Hotel begonnen haben, über Ausbildungsstufen zu Hausdamen und schließlich zu leitenden Hausdamen ausgebildet. Diese Aufstiegschancen sind jedoch eher die Ausnahme als die Regel. Zu oft werden Weiterbildungsmaßnahmen nur für eine selektive Auswahl an Mitarbeitern angeboten. »Die übrigen Mitarbeiter können damit sowieso nichts anfangen«, lautet eine Ausrede für ein umfassendes Weiterbildungsprogramm. Dies führt dazu, dass Mitarbeiter lange Jahre in denselben Einstiegspositionen stecken bleiben, zum Nachteil des Mitarbeiters und des Hotels. Daher liegt es in der Praxis zum größten Teil am individuellen Engagement des Vorgesetzten oder Hoteldirektors, ob und wann sich Mitarbeiter weiterbilden können.

Doch gerade diese Karrieretreppe bietet eine Reihe von Vorteilen, die die Hotellerie und die Region nachhaltig beeinflussen. Zum einen stärkt ein gutes Aufstiegsprogramm die Wertschätzung der einzelnen Arbeitnehmer. Der Mitarbeiter fühlt sich in seiner Arbeit bestätigt und schenkt dem Arbeitgeber Treue und Zufriedenheit. Zudem besitzen intern weitergebildete Mitarbeiter oft eine größere Kenntnis über das spezifische Hotelangebot und können die Rolle des Gastgebers somit eventuell besser wahrnehmen.

Wenn Hoteliers Aufstiegschancen für alle Mitarbeiter anbieten, investieren sie in die soziale Entwicklung der Region. Die moderne Gesellschaft baut mehr denn je auf dem kollektiven Wissen der einzelnen Mitglieder auf. Vermehrt sich das Wissen oder die Fähigkeiten des Einzelnen, dann vergrößert sich die Wertschöpfung der Gemeinschaft. Je besser die Gesellschaft ausgebildet ist, desto höher ist in der Regel das Bruttoinlandsprodukt. Selbst kleine Schritte können zu diesem Trend beitragen.

Nicht zu vergessen ist jedoch, dass das Ausbildungsprogramm an jede Gruppe individuell angepasst werden muss. Ein oft genannter Grund, der dazu führt, dass Migranten bei Weiterbildungsmaßnahmen außen vor bleiben, sind die Sprachkenntnisse der Mitarbeiter. Ohne Deutschkenntnisse können Mitarbeiter keine Weiterbildungskurse besuchen und wenig von neuen Arbeitsbereichen lernen, geschweige denn zusätzliche Verantwortung übernehmen. Eine Lösung hierzu sind Deutsch-Sprachkurse für Mitarbeiter. Eine Reihe von Hotelbetrieben nimmt diese Verantwortung wahr und bietet Mitarbeitern während der Arbeitszeit Sprachkurse an. Ist dieser Grundstein gelegt, können die Mitarbeiter mit Hilfe von internen Weiterbildungsprogrammen auf der internen Karrieretreppe voranschreiten und mehr Verantwortung im Betrieb übernehmen. Dies ist, wie schon mehrmals erwähnt, nicht nur im Interesse des Mitarbeiters, sondern auch im Interesse des Hotelbetriebes sowie der ganzen Region.

FRAGEN ALS UMSETZUNGSUNTERSTÜTZUNG ZUM THEMA

»RICHTIGER UMGANG MIT REGIONALITÄT«

ZENTRALE FRAGEN FÜR EINE ERFOLGREICHE UMSETZUNG	FÜR MEINEN BETRIEB NICHT RELEVANT, GEDANKE WIRD NICHT WEITER VERFOLGT.	RELEVANT, DER FRAGE WURDE BEREITS IM EIGENEN BETRIEB NACHGEGANGEN.	RELEVANT, DER FRAGE WIRD IM EIGENEN BETRIEB NACHGE-GANGEN.
Haben Sie ein Diagramm erstellt, welches die Interessenvertreter und ihre möglichen Anknüpfungspunkte zum Hotel enthält?			
Kooperieren Sie mit regionalen Anbietern wie Schreinereien für die Möblierung, die Hölzer aus der Umgebung verarbeiten, oder lokalen Brauereien, Metzgereien, Landwirten etc.?			
Vermarkten Sie sich zusammen mit Anbietern aus der Region und zahlen Sie in ein gemeinsames Marketingbudget ein?			
Unterstützen Sie durch Ihr Unternehmen soziale Einrichtungen der Region?			
Stellen Sie sich bei jeder Beschaffung die Frage, wie ein Anbieter aus der Region als Partner gewonnen werden könnte?			
Integrieren und fördern Sie minderqualifizierte Arbeitskräfte?			

5
Nachhaltiges Personalmanagement

WESHALB NACHHALTIGES PERSONALMANAGEMENT?

Sobald es um die Umsetzung von Nachhaltigkeitszielen in Unternehmen geht, stellt sich die Frage nach der Rolle und Bedeutung des Personalmanagements für diese Umsetzung. Nachhaltigkeitsziele können nur dann in die Praxis umgesetzt werden, wenn die Mitarbeiter diesen Ansatz »leben« und in ihren Entscheidungen sowie ihrem Handeln berücksichtigen. Das verlangt Strukturen und Prozesse im Personalmanagement, welche die Umsetzung unterstützen. Zudem muss das Personalmanagement selbst dabei nachhaltig ausgerichtet sein.

Daher überrascht es, dass sich bislang Corporate Social Responsibility (CSR)-Ansätze häufig auf Umweltschutz, gesellschaftliches Engagement, Produkte und Lieferanten bezogen und weniger mit der Frage von CSR im Personalmanagement beschäftigt haben. (Siemann 2012, S. 19) Für eine langfristige und nachhaltige Wirksamkeit muss CSR mit dem Personalmanagement verankert sein und darf nicht nur als Marketinginstrument fungieren. Die Ausrichtung auf die Mitarbeiter ist im CSR-Gedanken jedoch eine Säule (Arbeitsgestaltung), die noch zu wenig beachtet wird. So zeigte eine Studie der GfK mit 2000 Befragten aus der Bevölkerung, dass die Mitarbeiter im Mittelpunkt der unternehmerischen Fürsorge stehen sollten, indem Unternehmen beispielsweise in Aus- und Weiterbildung investieren, faire Gehälter zahlen und die Gleichstellung vorantreiben. (Gfk 2009) Interessanterweise macht genau dies Unternehmen auch für potenzielle Mitarbeiter attraktiv. In einer Studie von Lis (2012) wurde der Umgang mit den Mitarbeitern und die Förderung der Vielfalt in der Belegschaft (Diversity Management) mit einer höheren Arbeitgeberattraktivität bewertet als z. B. der Umweltschutz. Dies liegt daran, dass zukünftige Mitarbeiter mit Aktivitäten für die Mitarbeiter faire Arbeitsbedingungen assoziieren und dies für ihre zukünftige Tätigkeit relevant ist. Diese Befunde sind ein Hinweis darauf, dass nachhaltiges Personalmanagement einen wichtigen Einfluss auf die Arbeitgebermarke hat, was in Zeiten des Fachkräftemangels von zentraler Bedeutung ist.

Es gibt viele Definitionen und Sichtweisen zu nachhaltigem Personalmanagement. Vielen ist gemeinsam, dass sie Personalmanagement als zentral zur Umsetzung einer nachhaltigen Organisation sehen – mit positiven Auswirkungen auf die Mitarbeiter und die soziale Umwelt. Zudem soll nach einigen Definitionen nachhaltiges Personalmanagement auch dazu beitragen, dass das Unternehmen erfolgreicher wird. (Kramar 2014, S. 1075) Daraus ergeben sich zwei Perspektiven auf nachhaltiges Personalmanagement, auf die im Folgenden eingegangen werden soll:

1. Welche Rolle hat das Personalmanagement bei der Umsetzung von Nachhaltigkeitszielen und -systemen im Rahmen einer nachhaltigen Unternehmenskultur?

2. Wie kann das Personalmanagement insgesamt nachhaltiger werden?

BEITRAG DES PERSONALMANAGEMENTS BEI DER UMSETZUNG VON NACHHALTIGKEIT IM UNTERNEHMEN

Die Umsetzung von Nachhaltigkeitszielen in Unternehmen (z. B. Senkung des Energieverbrauchs im Betrieb) erfordert häufig eine Veränderung der Unternehmenskultur. Kultur lässt sich verstehen als die von einer Gruppe geteilten Normen, Werte und Verhaltenspräferenzen. Kultur ist somit ein Orientierungssystem, welches das Erleben und Handeln der Mitglieder einer Kultur beeinflusst. (Thomas 2005, S. 22) Wird beispielsweise CSR Teil der Unternehmenskultur, muss sich dies im Unternehmensleitbild und den Unternehmenswerten widerspiegeln. Zudem müssen die Mitarbeiter für CSR sensibilisiert und gegebenenfalls geschult werden. Insbesondere kommt hier den Führungskräften eine wichtige Rolle zu – als Vorbilder und in der Sicherstellung der Umsetzung. Damit Nachhaltigkeit sich auch im Denken und Handeln der Führungskräfte und Mitarbeiter widerspiegelt, sollten Nachhaltigkeitsziele mit den Personalmanagementprozessen und -instrumenten verzahnt werden. Hier sollte die Personalabteilung, insbesondere die Personalentwicklung, eng mit der CSR-Abteilung zusammenarbeiten. Gibt es keine eigene Personalabteilung, dann sollten CSR und Personalmanagement gemeinsam gedacht werden. Die folgende Übersicht gibt Empfehlungen, wie dies in der Praxis umgesetzt werden kann.

Zusammenfassend lässt sich sagen, dass die Umsetzung einer Nachhaltigkeits-Strategie im Unternehmen nur in Zusammenarbeit mit der Personalabteilung bzw. in der Verknüpfung mit den Instrumenten des Personalmanagements nachhaltig gestaltet werden kann. Ansonsten besteht die Gefahr, dass zwar marketingwirksame Projekte durchgeführt werden, die jedoch nicht die Unternehmenskultur verändern und sich im Denken und Handeln der Mitarbeiter auch nicht nachhaltig verankern.

Umsetzung von Nachhaltigkeitszielen mit Hilfe von Personalmanagementinstrumenten am Beispiel von CSR

PERSONALMANAGEMENT-INSTRUMENTE	EMPFEHLUNGEN FÜR EINE NACHHALTIGE UMSETZUNG VON CSR	ERGEBNISSE
FÜHRUNGSLEITLINIEN	*Integration einer Leitlinie, die CSR als Führungsaufgabe bezeichnet*	*Vorbildliches Handeln durch Umsetzung von CSR wird Teil der Führungskultur*
ZIELVEREINBARUNG & LEISTUNGSBEURTEILUNG (JÄHRLICHES MITARBEITERGESPRÄCH)	*Aufnahme von CSR-Zielen in die Zielvereinbarung; Beurteilung dieser Ziele im Rahmen der Leistungsbeurteilung*	*Die Umsetzung von CSR-Zielen wird bewertungsrelevant*
MONETÄRE ANREIZSYSTEME	*Verknüpfung der Leistungsbeurteilung mit variabler Vergütung Prämien für nachhaltiges Management Ausschreibungen/ Wettbewerbe zwischen Abteilungen für CSR-Projekte mit Prämien*	*Förderung der Umsetzungsmotivation für CSR (Fokus auf extrinsischer Motivation: die Umsetzung von CSR wird gefördert durch Prämien und offizielle Anerkennung)*
NICHT-MONETÄRE ANREIZSYSTEME	*Freistellung von Mitarbeitern für CSR-Projekte Übergabe von Verantwortung an Mitarbeiter für die Entwicklung von CSR-Aktivitäten*	*Förderung der Umsetzungsmotivation für CSR (Fokus auf intrinsischer Motivation: CSR wird umgesetzt aufgrund des Interesses an dem Thema; dies ist nachhaltiger zu bewerten als monetäre Anreizsysteme)*
IDEENMANAGEMENT	*Ausschreibung und Kommunikation zu CSR-Ideen im Unternehmen*	*Mitarbeiter gestalten CSR aktiv mit*
PERSONAL- UND FÜHRUNGSKRÄFTEENTWICKLUNG	*Sensibilisierungs- und Kompetenztrainings Im Rahmen von Programmen zur Führungskräfteentwicklung Durchführung von CSR Projekten*	*Mitarbeiter haben das notwendige Wissen und die notwendigen Fähigkeiten und Fertigkeiten zur Umsetzung von CSR*
PERSONALCONTROLLING	*Einführung von CSR-Kennzahlen (z. B. Anzahl durchgeführter CSR-Projekte pro Mitarbeiter, durchschnittliche Zielerreichung bei CSR-Zielen nach Abteilungen)*	*Quantitative Übersichten und Erkennung von Steuerungsbedarf*
PERSONALMARKETING	*Erwähnung der CSR-Strategie, Zertifizierungen etc. im Rahmen der Vermarktung der Arbeitgebermarke Einbindung des Themas in Unternehmenspräsentationen, Rekrutierungskanäle*	*Erhöhung der Bewerberanzahl bei Interessenten, denen CSR wichtig ist*
PERSONALAUSWAHL	*Verankerung von Fragen zum Verständnis von Nachhaltigkeit und der Bewertung von CSR in Unternehmen in Einstellungsinterviews (Fragen nach Werten, Motivstruktur)*	*Überprüfung der Passung von Bewerbern zu einer Unternehmenskultur, in der CSR ein zentraler Bestandteil ist*

zeitnah

systematisch

kompetent

Wie lässt sich Personalmanagement nun nachhaltig gestalten? Im Folgenden werden die Anforderungen im Hinblick auf Voraussetzungen und Verantwortlichkeiten, auf den Personalmanagement-Ansatz diskutiert sowie Instrumente für nachhaltiges Personalmanagement aufgezeigt.

DAS PERSONALMANAGEMENT NACHHALTIG GESTALTEN

Personalmanagement ist nach Weißenrieder und Kosel (2005, S.12) dann nachhaltig, wenn es zu Veränderungen in Einstellungen und Verhalten der Mitarbeiter führt, wenn es sich an sich verändernde Anforderungen anpasst sowie »langfristig wirksam zum Erfolg führt und die Zukunftsfähigkeit des Unternehmens sichert«. Nachhaltiges Personalmanagement ist nach dieser Definition somit langfristig angelegt und strategisch an den Unternehmenszielen ausgerichtet. Es geht damit um das Gegenteil von kurzfristigem Gewinnstreben und Kostensenkungsaktivitäten. Dabei werden Mitarbeiter als Ressourcen verstanden, wie es in der englischen Bezeichnung »Human Resources Management« für Personalmanagement deutlich wird. Diese Ressourcen gilt es bei einem nachhaltigen Personalmanagement dauerhaft zu erhalten, d.h., es sollte eine Balance zwischen Ressourcen-Beanspruchung und Ressourcen-Regeneration geben. (Ehnert & Harry 2012, S.224) Dies wird beispielsweise im Rahmen von Personalmanagement-Feldern wie Gesundheitsmanagement, Work-Life-Balance, Arbeitszeitregelungen und Personalentwicklung gefördert. Eine Investition in nachhaltiges Personalmanagement lohnt sich: Auch die Forschung hat gezeigt, dass Unternehmen dadurch erfolgreicher sind, eine höhere Produktivität haben und mehr Innovationskraft zeigen. (Weißenrieder & Kosel 2005, S.16)

VORAUSSETZUNGEN UND VERANT-WORTLICHKEITEN

Nachhaltiges Personalmanagement kann nur unter folgenden drei Bedingungen gelingen:

Hoher Stellenwert des Themas bei Geschäftsführern und Führungskräften: Die Geschäftsführung engagiert sich aktiv für nachhaltiges Personalmanagement und ist zusammen mit den Führungskräften als Botschafter, Akteure und Umsetzer aktiv involviert. Ein Wandel im Personalmanagement wird nicht gelingen, wenn sich die Geschäftsführung und die Führungskräfte aus dem Thema heraushalten und nur die Mitarbeiter die Umsetzung machen lassen.

Personelle und zeitliche Ressourcen: Im Unternehmen muss es jemanden geben, der für nachhaltiges Personalmanagement »den Hut aufhat«. Auch wenn es in vielen kleinen und mittleren Betrieben keine Personalfachkräfte gibt, muss sich jemand langfristig und systematisch darum kümmern, sei es die Geschäftsführung oder eine ausgewählte Führungs- oder Fachkraft. Für diese Themen braucht es auch zeitlichen Freiraum – sie lassen sich nicht »nebenbei« oder »on top« gestalten.

Vorhandensein von Fachkompetenz im Unternehmen: Wie bei anderen Themen auch, bedarf es der Fachkompetenz zu den Methoden und Instrumenten des Personalmanagements. Ist diese im Unternehmen nicht ausreichend vorhanden, muss sie erworben oder sich Unterstützung geholt werden. Hier empfiehlt sich eine Zusammenarbeit mit Beratern mit Personalmanagement-Expertise. Nicht immer muss dies viel kosten. Gerade für kleine und mittlere Unternehmen (KMU) gibt es diverse Programme von Bund, Ländern und der EU, welche die Entwicklung eines nachhaltigen Personalmanagements unterstützen. Hier erhalten Unternehmen kostenlos Informationen, Beratungsleistungen, Instrumente und Selbstchecks (z. B. Initiative Neue Qualität der Arbeit – INQA, Kompetenzzentrum Fachkräftesicherung, Programm unternehmens-Wert: Mensch). Zudem bietet die Bundesagentur für Arbeit Beratung zur betrieblichen Weiterbildung für Arbeitgeber an (Angebot »Qualifizierungsberatung«).

NACHHALTIGES PERSONAL-MANAGEMENT IST SYSTEMATISCH UND STRATEGISCH

Nachhaltiges Personalmanagement bedeutet nicht, verschiedene Maßnahmen und Instrumente »aneinanderzureihen« oder mit dem Gießkannenprinzip auszuschütten. Es geht vielmehr darum, diese in einen systematischen Zusammenhang zu bringen (Weißenrieder & Kosel 2005, S. 12). Dies gelingt über die Verzahnung anhand von Kompetenzen.

Kompetenzen sind Bündel an Wissen, Fertigkeiten und Fähigkeiten, die auf einen Bereich angewendet werden. Üblicherweise wird in Unternehmen ein Kompetenzmodell erarbeitet, welches die Kompetenzen spezifiziert, die alle Mitarbeiter in dem Betrieb haben müssen (z. B. Serviceorientierung). Dann wird pro Rolle und Position im Unternehmen definiert, auf welchem Ausprägungslevel diese vorhanden sein müssen. Die so entstandenen Kompetenzprofile lassen sich dann für alle Personalprozesse nutzen, von der Stellenausschreibung über die Personalauswahl zur Potenzialbeurteilung und Personalentwicklung. Die Kompetenzprofile sind die Basis für ein systematisches Personalmanagement (siehe Kasten). So dienen sie beispielsweise als Grundlage für die Erfassung von Schulungsbedarf. Durch die Erfassung von Soll- und Ist-Ausprägungen kann der Schulungsbedarf für einzelne Mitarbeiter, für Teams oder für das gesamte Unternehmen bestimmt werden. Zudem kann nach einer Schulungsmaßnahme überprüft werden, ob sich die Ist-Ausprägungen verbessert haben. So kann sichergestellt werden, dass die Schulung direkt auf den Bedarf ausgerichtet und nicht am Qualifizierungsbedarf vorbei geschult wird (und damit Geld unnötig ausgegeben wird). Nur so wird der Mitarbeiter auch wirklich etwas lernen, was er in seiner Tätigkeit umsetzen kann.

BEST PRACTICE BEISPIEL: ACCOR HOSPITALITY GERMANY GMBH

Das systematische Talent-Management ist bei **ACCOR** auf einem Kompetenzmodell aufgebaut. Für jede Position im Hotelbetrieb wurde ein Kompetenzprofil definiert. So ist transparent, was ein Mitarbeiter in einer bestimmten Position können und wissen muss. Im Rahmen des jährlichen Mitarbeitergesprächs werden die Ist- und Soll-Ausprägungen reflektiert und Entwicklungsbedarf festgestellt. Die Mitarbeiter können ihre Kompetenzen auf Basis des Jahresgesprächs nach ihren individuellen Bedürfnissen ausbauen, indem sie an dem unternehmenseigenen Fort- und Weiterbildungsprogramm der Académie Accor teilnehmen, welches auch ein umfassendes Online-Schulungsangebot umfasst.

Auf einem kompetenzbasierten Personalmanagement-Ansatz lassen sich nun diverse Personalmanagement-Instrumente aufsetzen, die über die Kompetenzen miteinander in Zusammenhang stehen. Ist beispielsweise »Serviceorientierung« Teil des Kompetenzmodells, dann lässt sich im Einstellungsinterview prüfen, inwieweit ein Bewerber Serviceorientierung mitbringt, oder im Beurteilungsgespräch bewerten, inwieweit ein Mitarbeiter dies entsprechend seines Kompetenzprofils auch umgesetzt hat.

Neben der Kompetenzbasierung ist für ein systematisches Personalmanagement auch eine strukturierte Herangehensweise wichtig. Zum Beispiel haben Forschungsarbeiten immer wieder gezeigt, dass man mit Hilfe strukturierter Einstellungsgespräche besser die späteren Arbeitsleistungen vorhersagen kann als bei unstrukturierten Interviews. (Krause 2010, S. 32) Bei strukturierten Einstellungsinterviews werden in der Regel Interviewleitfäden verwendet, ein systematisches Auswertungssystem eingesetzt (z. B. Bewertungsschema mit Verhaltensbeispielen), verschiedene Fragetypen eingesetzt (z. B. biografische und situative Fragen) sowie die Interviewer trainiert (zur Vermeidung von Beurteilungsfehlern). In der Praxis finden jedoch häufig in Unternehmen nach wie vor unsystematische Auswahlgespräche statt, weil sich hier Personalentscheider häufig in ihrer Beurteilungsfähigkeit falsch einschätzen.

Ein weiteres Beispiel ist das jährliche Mitarbeitergespräch. In vielen Unternehmen ist das Mitarbeitergespräch eine Kombination aus Beurteilungsgespräch (Rückmeldungen zu den Leistungen im Beurteilungszeitraum), Fördergespräch (Entwicklungsbedarf und -möglichkeiten) und Zielvereinbarungsgespräch (Ziele für den kommenden Beurteilungszeitraum). Ein strukturierter Ansatz bedeutet hier: Es gibt einen Gesprächsleitfaden und ein

Gesprächsprotokoll, die Führungskräfte sind in Gesprächsführung (z. B. Feedback geben, durch Fragen steuern) und Zielformulierung geschult und verstehen im Mitarbeitergespräch zu motivieren. Auch hier gilt: Je strukturierter diese Gespräche stattfinden und die Ziele nachgehalten werden, desto eher werden die vereinbarten Ziele erreicht. Durch die professionelle Durchführung lassen sich auch Erkenntnisse darüber gewinnen, welche Entwicklungsvorstellungen oder Verbesserungsvorschläge der Mitarbeiter hat. Daher ist es wichtig, sich für dieses Gespräch ausreichend Zeit zu nehmen und für ungestörte Rahmenbedingungen zu sorgen. Da das Mitarbeitergespräch ein wirksames Instrument ist, das wenig Kosten verursacht, kann es auch für KMU gut eingeführt werden. In vielen kleinen Betrieben existieren formale Mitarbeitergespräche jedoch noch nicht. Ein systematisches Mitarbeitergespräch ist ein erster Schritt zur Professionalisierung des Personalmanagements und zu mehr Nachhaltigkeit.

Nachhaltiges Personalmanagement ist auch strategisch ausgerichtet, da es die Unternehmensziele mit im Blick hat und einen Beitrag zur Erreichung dieser Ziele leistet, unter gleichzeitiger Berücksichtigung positiver Ergebnisse und Arbeitsbedingungen für die Mitarbeiter. Wird beispielsweise eine Internationalisierungsstrategie verfolgt (z. B. Markteintritt in einem anderen Land), dann leistet das Personalmanagement einen strategischen Beitrag zur Zielerreichung durch Maßnahmen wie: Veränderungen von Kompetenzprofilen, Zusammenarbeit mit lokalen Rekrutierungsagenturen, kulturadäquates Personalmarketing, Erstellung von Entsendungsverträgen und die Durchführung interkultureller Trainings.

BEST PRACTICE BEISPIEL: UPSTALSBOOM HOTEL + FREIZEIT GMBH & CO. KG

Die Ferienhotellerie-Gruppe Upstalsboom hat ihr Personalmanagement erfolgreich verändert und nachhaltig ausgerichtet. Ausgehend von schlechten Mitarbeiterumfragewerten, schlug Geschäftsführer Bodo Janssen vor einigen Jahren einen neuen Weg ein, den »Upstalsboom Weg«. »Wertschöpfung durch Wertschätzung« ist die Grundhaltung des Personalmanagement-Ansatzes. Upstalsboom investierte insbesondere in die Persönlichkeitsentwicklung der Mitarbeiter. So sind die Klosterseminare ein Instrument, wo Führungskräfte einen Rückzugsraum haben, um über sich, das Unternehmen und die eigenen Werte und Ziele nachdenken zu können. Zudem wurde der Ansatz »Corporate Happiness« implementiert, bei dem basierend auf den Erkenntnissen der positiven Psychologie Arbeitsbedingungen und eine Unternehmenskultur geschaffen wurden, die zu mehr Spaß und Zufriedenheit bei der Arbeit führen. Dies wurde mit Hilfe eines Multiplikatoren-Schulungs-Programms in allen Häusern der Gruppe umgesetzt. Bemerkenswert ist auch, dass sich alle Mitarbeiter in die Erarbeitung der Unternehmenswerte einbringen konnten. Die Wirkungen dieses Weges zeigten sich in einer hohen Mitarbeiterzufriedenheit, einem Rückgang der Krankheitstage und der Fluktuation sowie einer steigenden Bewerberzahl. Über den Upstalsboom-Weg gibt es einen Kurzfilm auf der Webseite des Unternehmens.

Quelle: www.upstalsboom.de/der-upstalsboom-weg (Einsehdatum 10.10.2014)

INSTRUMENTE FÜR NACHHALTIGES PERSONALMANAGEMENT

Mit nachhaltigem Personalmanagement sollen nicht nur die Ziele des Unternehmens besser erreicht werden, sondern es soll dabei auch der Fokus auf die Regeneration der Ressourcen gesetzt werden. Die Regeneration erhält die Leistungsfähigkeit der Mitarbeiter. Gleichzeitig werden die Mitarbeiter mit ihren Bedürfnissen ernst genommen, was sich in einer erhöhten Loyalität dem Arbeitgeber gegenüber sowie in einem größeren Engagement am Arbeitsplatz zeigt. Im Folgenden wird exemplarisch auf drei typische Handlungsfelder und Personalmanagementinstrumente eingegangen. Diese Auswahl ist nicht erschöpfend; sie soll vielmehr einen ersten Einblick vermitteln.

AKTIVES EINBEZIEHEN DER MITARBEITER

Mitarbeiterführung ist Kommunikation. Häufig fühlen sich Mitarbeiter jedoch nicht ausreichend informiert. Daher ist ein zentrales Instrument eines nachhaltigen Personalmanagements die Einführung von regelmäßigen und zielgerichteten Kommunikationsformaten (sog. »Regelkommunikation«). Diese können beispielsweise Bereichs- und Teambesprechungen, Jours fixes, Eins-zu-eins-Gespräche oder Newsletter sein. Auch wenn Führungskräfte häufig das Gefühl haben, dass sie doch täglich und ständig mit den Mitarbeitern sprechen, ist es etwas ganz anderes, dafür aktiv in einem regelmäßigen Abstand Zeit einzuplanen. Regelmäßige Teambesprechungen stellen z. B. sicher, dass alle auf demselben Informationsstand sind, ein Austausch darüber stattfindet und Konflikten

Die Ausbildung in den Geisel Privathotels.

vorgebeugt wird. Gleichzeitig können Mitarbeiter in Entscheidungen einbezogen werden. Insbesondere die jüngeren Generationen fordern einen kooperativen Führungsstil ein, der sie mit einbezieht.

In die Kommunikation zu investieren lohnt sich: In Betrieben, in denen diese regelmäßig und nach systematischen Kriterien (d. h. mit Agenda, Moderator, Protokoll) erfolgt, sind Mitarbeiter zufriedener mit dem Führungsverhalten und mit den getroffenen Entscheidungen, fühlen sich besser informiert und schätzen die Zusammenarbeit im Team positiver ein. (Weißenrieder & Kosel 2005, S. 64)

Wenn Mitarbeiter sich einbezogen fühlen, tragen sie auch Veränderungen mit. Unternehmen müssen sich aufgrund der schnellen technologischen und gesellschaftlichen Veränderungen sowie des zunehmenden globalen Wettbewerbs immer wieder verändern, um wettbewerbsfähig zu bleiben. Viele Veränderungsprojekte scheitern, weil Mitarbeiter nicht »auf die Reise« mitgenommen werden. Auch hier ist es ein zentraler Erfolgsfaktor, Mitarbeiter zu Beteiligten zu machen und sie ihre verschiedenen Interessen und Kompetenzen einbringen zu lassen. Ein betriebsinternes Ideenmanagement ist zudem ein geeignetes Instrument, Veränderungen direkt von den Mitarbeitern anstoßen zu lassen.

ARBEITSBEDINGUNGEN

Mit dem Blickwinkel eines nachhaltigen Personalmanagements stellt sich die Frage nach Arbeitsbedingungen, die eine Regeneration und eine gute Work-Life-Balance der Mitarbeiter zulassen. Dabei geht es nicht um die Einhaltung gesetzlicher oder tariflicher Regelungen, die Voraussetzung sein sollten. Vielmehr geht es um die Schaffung von Arbeitsbedingungen, die für die Work-Life-Balance der Mitarbeiter positiv sind. Dies bedeutet beispielsweise eine frühzeitige Erstellung und Kommunikation von Dienstplänen, eine mitarbeiterfreundliche Personalplanung, die Abschaffung von Teildiensten und die Möglichkeit, Überstunden zu erfassen und in Freizeit auszugleichen. Hier gibt es in der Branche noch großen Handlungsbedarf. Aufgrund des Kostendrucks wird im Gastgewerbe häufig eine personelle Unterbesetzung in Kauf genommen. (Lee-Ross & Pryce 2010, S. 14) Dabei wird vergessen, dass zufriedene und erholte Mitarbeiter eine höhere Arbeitsleistung zeigen können, was sich unmittelbar auch auf die Gästezufriedenheit auswirkt. (siehe Beispiel Upstalsboom)

Insbesondere die Generation Y der nach 1981 Geborenen stellt andere Anforderungen an Arbeitgeber als die Generationen vor ihnen. Diese Mitarbeiter möchten mehr Freizeit haben und fordern flexible Arbeitszeitmodelle aktiv ein. Natürlich wissen Mitarbeiter in der Hospitality-Branche, dass das Geschäft andere Arbeitszeiten erforderlich macht als in anderen Branchen, allerdings kann auch hier ein Unterschied gemacht werden. Zeitwertkonten, die Möglichkeit des Homeoffices (für Verwaltungstätigkeiten), die Möglichkeit, auch mal eine Auszeit zu nehmen oder ein berufsbegleitendes Studium durchzuführen, wirken sich positiv auf die Mitarbeiterzufriedenheit aus.

Zum Verständnis über Work-Life-Balance hat das Fünf-Säulen-Modell der Identität von Petzold (zitiert in Collatz & Gudat 2011, S. 28-29) einen wichtigen Beitrag geleistet. Angewandt auf die Work-Life-Balance sollten nach dem Modell folgende fünf Säulen im Blick behalten werden:

1) **Der Körper und damit verbunden Gesundheit und Wohlbefinden,**
2) **Soziale Beziehungen,**
3) **Arbeit und Leistung,**
4) **Materielle Sicherheit und**
5) **Werte.**

Im Sinne eines nachhaltigen Personalmanagements sollten daher Arbeitsbedingungen geschaffen werden, die

1) **die Gesundheit der Mitarbeiter fördern (z. B. Yogakurse, Lauftreffs, Beteiligung an Mitgliedschaft im Fitnessstudio),**
2) **das Gefühl der sozialen Gemeinschaft am Arbeitsplatz fördern (z. B. schöner Pausenraum, Betriebsausflug, Familienvergünstigungen im Restaurant/Hotel),**
3) **Arbeit und Leistung eines jeden individuell wertschätzen,**
4) **eine angemessene Vergütung garantieren und**
5) **eine Arbeitskultur schaffen, in der die Unternehmenswerte auch gelebt werden und der Mitarbeiter diese mit seinen individuellen Werten in Einklang bringen kann.**

Nach dem Modell ist es wichtig, eine Balance zwischen diesen Säulen herzustellen, wobei die einzelnen Ausprägungen unterschiedlich sein können.

Nicht zuletzt beinhaltet der Nachhaltigkeitsansatz auch, dass nicht weggesehen wird, wenn es um die Arbeitsbedingungen für temporäre Aushilfen, Zeitarbeitskräfte oder für Mitarbeiter von Outsourcing-Anbietern geht. Gerade in Hinblick auf Servicefirmen, an die Hotels die Zimmerreinigung outsourcen, gab es in der Vergangenheit in der Presse immer wieder Negativschlagzeilen darüber, dass beispielsweise Zimmermädchen von Dienstleistern teilweise für einen Hungerlohn arbeiten, obwohl die Auftraggeber, in diesem Fall die gastgewerblichen Betriebe, sich in ihrer

KINDERKRIPPE »DIE KLEINE KAFFEEBOHNE«

Die Vereinbarkeit von Familie und Arbeitsleben gilt wirtschaftlich und arbeitsmarktpolitisch als zentrale Herausforderung. Die klassische Rollenverteilung gibt es seit Langem nicht mehr, immer mehr beruflich hochqualifizierte Mütter und Väter müssen und wollen nach der Geburt ihres Kindes bzw. ihrer Kinder wieder ins Arbeitsleben einsteigen. Dies ist oft entweder aufgrund eines Mangels an Krippenplätzen oder unflexibler Öffnungszeiten schwierig. Die bayerische Kaffeerösterei Dinzler, die verschiedene gastronomische Outlets in Oberbayern betreibt, hat aus diesem Grund »Die kleine Kaffeebohne« ins Leben gerufen. Der Mehrwert der besonderen Kinderkrippe: Die Mitarbeiter haben die Nähe zu ihrem Kind, ein ausgereiftes pädagogisches Konzept und längere und flexible Öffnungszeiten. Dinzler behält qualifizierte, erfolgreiche und motivierte Mitarbeiter, die ihr Kind gut aufgehoben in ihrer Nähe wissen.

Quelle: www.dinzler.de/de/ueber_uns/kinderkrippe/ (Einsehdatum 05.02.2014)

Das Kranzbach – Erholung auch für Mitarbeiter möglich.

Vergütung am gesetzlichen Mindestlohn orientieren. Dies führt dazu, dass die Servicefirmen verdienen und deren Mitarbeiter um eine Hartz IV-Aufstockung bitten müssen, die am Ende den Steuerzahler belastet. (Rademaker 2010) Hier sollten Auftraggeber hinsehen. Immerhin lagern 34 Prozent der Betriebe im Gastgewerbe Tätigkeiten aus, wie eine Studie der GVO Personal zeigte. (Verlemann et al. 2013, S. 14)

GESUNDHEITSMANAGEMENT

Betrachtet man die Sicherstellung einer Balance von Ressourcennutzung und Ressourcengeneration (Ehnert & Harry 2012, S. 224) als Kernthema nachhaltigen Personalmanagements, dann ist das betriebliche Gesundheitsmanagement ein zentrales Handlungsfeld. Betriebliches Gesundheitsmanagement hat das Ziel, gesundheitlichen Einschränkungen und Krankheiten vorzubeugen und eine langfristige Leistungsfähigkeit der Mitarbeiter zu fördern. Dass dies wichtig ist, haben viele Unternehmen der Branche erkannt. Im Rahmen der Studie der GVO Personal gaben 50 Prozent der befragten Betriebe im Gastgewerbe an, dass sie in diesem Bereich bereits Maßnahmen durchführen; 31 Prozent planen Maßnahmen und nur 18 Prozent der Betriebe hielten Maßnahmen in diesem Bereich für nicht relevant.

Eine Beschäftigung im Gastgewerbe ist mit Schichtarbeit, ständigem Kundenkontakt, Saisonspitzen, Termindruck, Lärmbelastung und häufiger personeller Unterbesetzung verbunden. Dies stellt für viele Beschäftigte eine Belastungssituation verbunden mit Stressempfinden dar. Können sich Mitarbeiter nicht ausreichend erholen und sind sie einer dauernden Stresssituation ausgesetzt, dann ist ein geschwächtes Immunsystem die Folge und die Krankheitsanfälligkeit steigt. Häufig wird als Folge auch auf Bewegung verzichtet, ungesünder gegessen, mehr Alkohol konsumiert und weniger geschlafen. (Allenspach & Brechbühler 2005, S. 85) **Zudem sinkt die**

Mitarbeiterzufriedenheit, die Fehlzeiten und die Fluktuation steigen. Hinzu kommt, dass gerade An- und Ungelernte eine Risikogruppe in Hinblick auf Gesundheitsverhalten und Erkrankungen darstellen. (Busch 2008, S. 13) Im Gastgewerbe ist der Beschäftigungsanteil von Mitarbeitern ohne Berufsabschluss relativ hoch (Prognos 2011, S. 29), sodass die Gesundheitsförderung im Rahmen eines nachhaltigen Personalmanagements besonders wichtig ist. Auch vor dem Hintergrund des zunehmenden Fachkräftemangels erhöht sich die Bedeutung des Gesundheitsmanagements: Dadurch, dass nicht mehr genügend Fachkräfte nachkommen, werden ältere Menschen immer wichtiger für den Arbeitsmarkt, brauchen jedoch altersgerechte Arbeitssysteme, um leistungsfähig zu bleiben. (Verlemann et al. 2013, S. 18)

Anhand welcher Maßnahmen können Unternehmen nun die Gesundheit der Mitarbeiter fördern? Die zu wählenden Maßnahmen sind zunächst abhängig von Betrieb, Budget und der verfügbaren Infrastruktur. Zu unterscheiden sind individuelle Maßnahmen (z. B. Zuschuss zur Mitgliedschaft in Fitnessstudios oder Förderung von Präventionskursen) von betrieblichen Maßnahmen, an denen mehrere Mitarbeiter teilnehmen und die im Betrieb stattfinden (z. B. Rückenschulungen, Lauftreffs). Hotels können natürlich auch Mitarbeitern zu bestimmten Zeiten die Nutzung hauseigener Fitness-Räume oder des Wellness-Bereichs ermöglichen. Zusätzlich zur Bewegung geht es häufig auch um die Sensibilisierung für gesundheitsförderliches Verhalten, die Unternehmen in Form von Gesundheitstagen in Zusammenarbeit mit den örtlichen Krankenkassen oder anderen Netzwerkpartnern sowie Verbänden wie dem DEHOGA umsetzen. KMU können sich mit anderen lokalen Betrieben zusammenschließen und im Verbund Maßnahmen im Gesundheitsmanagement realisieren.

QUO VADIS, NACHHALTIGES PERSONALMANAGEMENT?

Nachhaltiges Personalmanagement spielt nicht nur eine wichtige Rolle für die Umsetzung von Nachhaltigkeitszielen im Unternehmen, sondern stellt auch sicher, dass die Ergebnisse eine positive Auswirkung auf die Mitarbeiter haben. Dabei werden die Führungskräfte und Mitarbeiter selbst zu Akteuren, die für eine andere Unternehmenskultur sorgen. In der Literatur wird bei nachhaltigem Personalmanagement sogar von einem neuen Managementansatz gesprochen, der frühere Auffassungen über Personalmanagement ablösen wird. (Kramar 2014, S. 1080ff.)

Die Hospitality-Branche ist zunehmend gezwungen, im Wettbewerb um Mitarbeiter aufgrund des bereits spürbaren Fachkräftemangels und der Abwanderung in andere Branchen ein nachhaltiges Personalmanagement zu etablieren bzw. mehr in ihr Personalmanagement zu investieren. Nur so können sich Unternehmen als attraktive Arbeitgeber positionieren und vorhandene Mitarbeiter an sich binden. Die Art des Personalmanagements wird entscheidend sein für die Fachkräftesicherung und den Erhalt der Wettbewerbsfähigkeit des Unternehmens.

Der Wilhelmshof.

»Responsible Business Aktionsplan« des Radisson Blu H

FRAGEN ALS UMSETZUNGSUNTERSTÜTZUNG ZUM THEMA

»NACHHALTIGES PERSONALMANAGEMENT«

ZENTRALE FRAGEN FÜR EINE ER-FOLGREICHE UMSETZUNG	FÜR MEINEN BETRIEB NICHT RELEVANT, GEDANKE WIRD NICHT WEITER VERFOLGT.	RELEVANT, DER FRAGE WURDE BEREITS IM EIGENEN BETRIEB NACHGEGANGEN.	RELEVANT, DER FRAGE WIRD IM EIGENEN BETRIEB NACHGEGANGEN.
Gibt es ein CSR-Konzept im Unternehmen?			
Welche Personalmanagement-Instrumente sind vorhanden? Wie könnten diese im Sinne eines nachhaltigen Personalmanagements angepasst werden?			
Ist im Haus ausreichend Know-How für nachhaltiges Personalmanagement vorhanden? Wenn nein, wer könnte Sie unterstützen? Haben Sie klare Rollen und Verantwortlichkeiten für Ihr Personalmanagement?			
Wie sind Ihre Arbeitsbedingungen? Können Sie ein flexibles Arbeitszeitmodell einführen? Werden Überstunden erfasst? Verzichten Sie auf Teildienste? Was tun Sie, damit alle Beschäftigten eine gute Work-Life-Balance haben können?			
Was tun Sie, um die Leistungsfähigkeit Ihrer Mitarbeiter zu erhalten? Wie könnten Sie Ihr Gesundheitsmanagement verbessern?			
Wie unterscheiden Sie sich als Arbeitgeber von Ihren Wettbewerbern? Wie können Sie vor dem Hintergrund des Fachkräftemangels die Fachkräftesicherung in Ihrem Betrieb sicherstellen?			

Der Wilhelmshof, ausgezeichnet mit dem österreichischen Umweltzeichen für Tourismus und dem EuropäischenEcolabel.

Radisson Blu Hotel, Basel, zertifiziert mit dem Green Key.

6
Nachhaltige Systeme und Zertifizierungen

Umweltzertifizierung, Öko-Siegel oder zertifiziertes grünes Hotel sind Themen, die in der Hotelbranche in den letzten Jahren viel diskutiert wurden. »33 Rezidor Hotels mit Green Key zertifiziert« oder »Green Globe – mit grünem Zertifikat schwarze Zahlen schreiben« sind nur zwei Überschriften aus Fachzeitschriften der letzten Monate, die aufzeigen, dass das Thema Umweltzertifizierungen die Hotelbranche bewegt.

Privathoteliers und Gastronomen fühlen sich bei dem Thema Zertifizierung sehr schnell überfordert. Sie bevorzugen individuelle Umwelt-Maßnahmen, die sofort umsetzbar und sichtbar sind. Sie vermeiden vielfach systematische Prozesse und Zertifizierungen, die aufwendig sind und primär auf langfristige Erfolge abzielen. Auch fragen sich viele Gastgeber, weshalb sie einen »grünen Sticker« an der Eingangstür benötigen, ihre Gäste aber noch nie danach gefragt haben.

Das Konzept eines umweltfreundlichen Betriebs wird im Gastgewerbe sehr unterschiedlich interpretiert. Vom einfachen Handtuch-Wechsel-Programm bis zum kompletten Null-Emissions-Haus sind im deutschsprachigen Raum alle Varianten vertreten. Zertifizierungen können in diesem Umwelt-Dschungel helfen, einen einheitlichen Mindeststandard zu fördern und zu visualisieren. Gäste erhalten hiermit die Möglichkeit, anhand des Umweltzeichens ein umweltfreundliches Haus zu erkennen und dieses dann einem weniger umweltfreundlichen vorzuziehen. Dies wird bei Konsumprodukten schon länger geschätzt; am stärksten vertreten ist das bekannte Bio-Siegel bei Früchten, welches auf biologischen Anbau hinweist. Jedoch unterscheidet sich die Hotellerie und Gastronomie bei Zertifizierungen im Vergleich zu anderen Industrien darin, dass eine überproportionale Auswahl an Zertifizierungen angeboten wird. Über 100 unterschiedliche Umweltzeichen schmücken die Werbemedien von gastgewerblichen Betrieben weltweit, mit der stärksten Dichte in Europa. Bei dieser großen Auswahl, die oftmals keine geografischen oder thematischen Grenzen aufweist, ist es nicht verwunderlich, dass sowohl Gäste als auch Gastgeber den Überblick verloren haben.

Aus diesem Grund soll dieses Kapitel die Transparenz hinsichtlich der Umweltzeichen fördern und helfen, die Prozesse und Akteure der Umweltzeichenbranche für gastgewerbliche Betriebe zugänglich zu machen, sodass die Möglichkeit einer fundierten Auswahl besteht. Gastgeber sollen die Vorteile von Zertifizierungen erkennen und in der großen Auswahl die Stärken und Schwächen der einzelnen Systeme identifizieren können, um ein passendes auszuwählen.

DIE GRÜNDE FÜR SYSTEME

Hoteliers und Gastronomen sind in erster Linie Unternehmer, die sich bei Entscheidungen die Kosten-Nutzen-Frage stellen müssen. Wo liegt der Return on Investment? Weshalb benötige ich jetzt eine Zertifizierung, wenn ich mich auch ohne Auszeichnung nachhaltig entwickeln kann? Deshalb ist es naheliegend, in einem ersten Schritt die Gästeerwartung und ihr Verhalten bezüglich zertifizierter Angebote zu untersuchen.

KUNDENERWARTUNG UND VERHALTEN

Bedingt durch eine Vielzahl von nachhaltigen Aktivitäten unterschiedlichster Anbieter zeigen sich Gäste zunehmend misstrauisch gegenüber ökologischen Marketingversprechen. Ein Grund hierfür sind vor allem sogenannte »Greenwashing-Kampagnen« – Umweltaktionen, die nur einen kleinen Beitrag zur Verminderung der Umwelteinflüsse beitragen, jedoch überproportional von den jeweiligen Gastgebern beworben werden. Das typische Handtuch-Wechsel-Programm wird oft als Beispiel genannt, da sich viele Hotels mit dieser kleinen Umweltmaßnahme schon als umweltfreundlich vermarkten. Kommen Gäste aber in das Haus und sehen, dass immer noch kein Müll getrennt wird sowie Einweg-Packungen beim Frühstück Verwendung finden, steigt die Skepsis.

Als Reaktion auf oberflächliche Maßnahmen und deren Kommunikation tendieren Gäste vermehrt dazu, Zertifizierungen als Vertrauen stiftende Entscheidungskriterien heranzuziehen. Eine Studie von CMI Green mit über 2.800 Hotelgästen zeigt, dass 92 Prozent der Befragten, die sich selbst als ökologisch bewusst beschreiben, auch Umweltzertifizierungen und -standards bei ihrer Buchungsentscheidung berücksichtigen. (CMI Green 2010, S. 8.) Ein Hotel mit Umweltzertifizierung ruft demnach ein besseres Image bei Gästen hervor, als ein identisches ohne Zertifizierung. Jedoch konnten insgesamt 97 Prozent der Befragten keine Umweltzertifizierung oder Marke für die Hotellerie nennen, die ihnen zu dem Thema Nachhaltigkeit bekannt ist. Umweltzertifizierungen können das Bild der Gäste positiv beeinflussen, jedoch gibt es bisher kein Bewusstsein für spezielle Anbieter.

Die Tendenz, dass das Bewusstsein der Gäste für Umweltzeichen ansteigt, zeigt sich auch in einer repräsentativen TUI-Studie. 12,8 Prozent der deutschen Bundesbürger sind sich darüber bewusst, einen Aufenthalt in einem Hotel mit Umweltzeichen verbracht zu haben. (IPOS Institut für praxisorientierte Sozialforschung 2010, S. 5)

Eine gesteigerte Nachfrage nach unabhängigen Siegeln und Zertifizierungen zeigt sich in vielen Branchen, allen voran die BIO-Zertifizierungen in der Landwirtschaft. Kunden erhalten mit den Siegeln ein Qualitätsversprechen, das weit mehr Vertrauen stiftet als hauseigene Auszeichnungen. Sie belohnen die Anbieter mit einer verstärkten Nachfrage oder der Bereitschaft, mehr für das Produkt oder die Dienstleistung mit vertrauenswürdigem Siegel zu bezahlen.

Bei der Untersuchung zur Kundenerwartung ist festzustellen, dass Umweltzertifizierungen derzeit in den seltensten Fällen der Grund für den Aufenthalt eines Gastes sind. Dennoch basiert jede Buchungsentscheidung auf einem Mix von verschiedenen Faktoren, unter anderem Lage, Preis und Qualität. Obwohl Gäste die nachhaltigen Aktivitäten eines Betriebs wie Mülltrennung oder Energiesparlampen meistens nur im Hintergrund wahrnehmen, tragen Zertifizierungen dazu bei, die nachhaltigen Aktivitäten zu kommunizieren. Gäste können Umweltzertifizierungen sehr einfach als verlässliche Entscheidungskriterien nutzen. Zertifizierungen tragen vermehrt zum

Gesamteindruck und Qualitätsverständnis des kompletten Hotelangebots bei. Darüber hinaus helfen sie, den zukünftigen Gast von der versprochenen Dienstleistung zu überzeugen.

FUNKTION VON UMWELTZERTIFIZIE-RUNGEN

Die Anfänge der Umweltzeichen gehen auf die Jahre 1987 und 1988 zurück, als das erste Strand-Umweltzeichen, die Französische Blaue Flagge, und das erste Hotel-Umweltzeichen, das Umweltsiegel Kleinwalsertal (Silberdistel), vergeben wurden. Ziel der Initiatoren war es, den Kunden eine verlässliche Informationsquelle vor Besichtigung des Strandes und des Hotels zu bieten, sodass sich Urlauber im Voraus ein Bild über die ökologischen Gegebenheiten machen können. In den vergangenen 25 Jahren wurden verschiedene Formen von Zertifizierungen und Systemen etabliert. Im Kern steht die Definition:

Umweltzeichen sind als Symbol dargestellte, vereinfachte Informationen über die bessere Umweltverträglichkeit von Produkten und Dienstleistungen, die im Vergleich zu anderen, dem gleichen Zweck dienenden Angeboten ermittelt wurde. (Landmann 1998, S. 17)

Obwohl sich Umweltzeichen anfänglich von Umweltmanagement, Umwelt-Audit oder unternehmensinternem ökologischem Marketing abgegrenzt haben, ist dies gegenwärtig nicht mehr möglich. Viele Unternehmen und Organisationen vermarkten ihre eigenen Umweltaktionen und Programme mit Symbolen, welche unter die eben beschriebene Definition fallen. (Hilton LightStay™, TUI Umwelt Champion)

Umweltzertifizierungen in ihren verschiedenen Formen haben zwei primäre Funktionen: Sie sind eine Grundlage zur Förderung des Umweltschutzes und zugleich Marketinginstrument. Die erste Funktion basiert auf dem Problem, dass der Begriff Nachhaltigkeit sehr unterschiedlich von Gastgebern interpretiert wird und daher viele Formen von umweltfreundlichen Betrieben existieren. Zertifizierungen bieten daher einen universellen Standard, an dem sich die Beherbergungs- und Bewirtungsbetriebe messen lassen müssen. Dies fördert, dass sich Unternehmer nicht nur um die Bereiche kümmern, in denen finanzieller Erfolg zu erwarten ist, sondern dass alle Bereiche auf Nachhaltigkeit ausgerichtet werden.

Ähnlich wie Auszeichnungen in anderen Bereichen, sollen Umweltzeichen Betriebe dazu ermutigen, Nachhaltigkeit in die Unternehmensziele aufzunehmen. Gastgewerbliche Einrichtungen, die mit anspruchsvollen Zertifizierungen arbeiten, müssen sehr schnell erkennen, dass ohne Erweiterung der Unternehmensphilosophie mit nachhaltigen Aspekten die Auszeichnung schwer erreichbar ist.

Betriebe mit Zertifizierungen berichten zudem, dass Umweltmaßnahmen mit Hilfe von externen Kriterien einfacher an Mitarbeiter kommuniziert und von ihnen durchgesetzt werden können, als mit intern erstellten Kriterien. Jedoch reicht auch alleine die Einführung neuer Regeln nicht, eine Veränderung bedingt kontinuierliche Anpassungen. Daher fordern die meisten Zertifizierungen, dass Prüfer alle zwei bis drei Jahre das Unternehmen besuchen. Dieser kontinuierliche Systemcheck ist wichtig und hilft dem Betrieb, kontinuierlich an spezifischen Nachhaltigkeitsmaßnahmen zu arbeiten.

Der Zertifizierungsprozess bietet außerdem ein hohes Maß an Transparenz, da viele Zertifizierungsgesellschaften anonyme Benchmarks anbieten. Hotels beispielsweise können ihre Leistung mit der von anderen Hotels vergleichen, um Rückschlüsse auf Effizienz und Ertrag der eigenen Nachhaltigkeitsbemühungen

zu ziehen. Aufgrund unterschiedlicher Gegebenheiten werden Hotels in Untergruppen, z. B. Stadthotels oder Ferienhotels, eingeteilt. Der Vergleich kann helfen, den Anreiz für mehr Nachhaltigkeit zu stärken. Auch können Best-Practice-Beispiele von Kollegen dazu animieren, neue Lösungen bei bestehenden Problemen zu finden. Umweltzeichen ersetzen keinen Umweltmanager, aber sie bieten eine Chance, effektive und effiziente Umweltschutzmaßnahmen zu fördern und diese mit einer Zertifizierung zu bestätigen.

Umweltmanagementsystem EMAS im Menschels Bio Vitalresort: Die Europäische Union hat die Initiative eco-innovation zur Förderung von Umweltinnovationen in der Wirtschaft gestartet. Menschels Vitalresort hat sich dieser Initiative angeschlossen und bildet ein regionales Cluster zu diesem Umweltmanagementsystem.

In zweiter Hinsicht fungieren Umweltzertifizierungen als Marketinginstrument. Die erwähnte Definition zu Beginn des Kapitels weist darauf hin, dass Umweltzeichen helfen, existierende Umweltmaßnahmen öffentlich bekannt zu machen. Ganz im Sinne von »Green sells« dient ein Umweltzeichen dazu, Konsumenten für ein umweltverträglicheres Produkt oder Service zu gewinnen.

>»Das übergeordnete Ziel ist, dass das Zeichen von Verbrauchern oder Vertriebskanälen erkannt wird und als Mehrwert im Markt angesehen wird, um die Vermarktung der Unternehmen zu unterstützen, welche die Auszeichnung erstellt haben.«

(Font 2004, S. 987)

Diese Funktion wird jedoch oft kritisiert, da manche Betriebe sich dies zu Nutze machen und mehr Engagement in die Werbung als in die Umsetzung des Umweltstandards stecken. Trotz dieses Umstands ist die Funktion wichtig, um Anreize für weitere Zertifizierungen zu bieten.

Das Umweltzeichen dient als Beweis, dass ein gastgewerblicher Betrieb einen bestimmten objektiven Standard (»Benchmark«) erreicht hat. Die Direktorin des Sustainable Business bei Scandic Hotels, Inger Mattsson,

Lieber Gast, dear Guest!

Helfen Sie unserer Umwelt! · Help our environment!

Handtücher auf dem Boden oder im Korb bedeuten: „**Bitte austauschen**".

Towels on the floor or in the basket means: „**Please change towels**".

Handtücher auf dem Halter bedeuten: „**Ich benutze sie weiter**".

The towel on the rack means: „**I am still using it**".

Der Umwelt zuliebe! · For the environment's sake!

Lieber Gast!

Können Sie sich vorstellen, wieviele Tonnen Handtücher jeden Tag in allen Hotels der Welt **unnötig gewaschen werden** · und welch ungeheure Mengen Waschmittel unsere Gewässer damit zusätzlich belasten?

Mit Ihrer Entscheidung das Handtuch ein weiteres Mal zu benutzen, helfen Sie mit für eine saubere und bessere Umwelt.

Dear Guests,

Can you imagine how many towels are unnecessarily washed every day all over the world · and huge quantities of washing powder therefore also pollutes our water?

With your decision to use the towel once again, you are contributing to a cleaner and better evironment.

Mülltrennung im Scandic Emporio.

ist überzeugt, dass Umweltzeichen eine hohe Aussagekraft sowie Werte besitzen, die von ihren Mitarbeitern und Gästen geschätzt werden: Bei Scandic ist das Umweltzeichen eine Sache des Vertrauens; jemand anderes und nicht das Unternehmen selbst hat die Kriterien festgelegt, aktualisiert sie regelmäßig und überprüft jedes einzelne Hotel. Für die Teammitglieder ist es die Bestätigung, dass ihre Arbeit ökologisch gut ist, und für die Gäste ist es ein Beweis dafür, dass sie Scandic als verantwortlichem Dienstleister vertrauen können. Zudem fragen einige Scandic Gäste mittlerweile auch gezielt nach einem Zertifikat.

CHANCEN UND RISIKEN

Es ist schon länger bekannt, dass Ökologie und Ökonomie keine konkurrierenden Ziele sein müssen, sondern sich in dem Konzept Nachhaltigkeit ergänzen und sogar unterstützen. Der größte ökonomische Effekt bei Umweltmaßnahmen zeigt sich bei der Verbesserung der Energieeffizienz, da der Verbrauch von teuren fossilen Ressourcen gesenkt wird. Leider gibt es hierzu keine Statistiken, sondern nur einzelne Beispiele. Eine veröffentlichte Studie über ökologische Hotels in Hong Kong zeigt, dass ein Hotel mit Umweltmanagementsystem folgende Einsparungen erfahren hat:

- 5.641,– USD beim Papierbedarf über zwei Jahre,
- 10.646,– USD pro Jahr bei der Wäscherei durch Verbesserung der Schilder auf den Zimmern,
- 166.667,– USD über zwei Jahre nach der Installation von Wasser-Durchflussbegrenzern und energiesparenden Glühbirnen
- sowie 1.538,– USD jährlich durch Mülltrennung. (Chan und Hawkins 2011, S. 10)

Es benötigt keine Studien, um zu erkennen, dass sich allein bei einer Verringerung des Wasser- und Energieverbrauchs pro Jahr Ersparnisse im vier- bis fünfstelligen Bereich ergeben. Die schwierige Frage lautet, wie weit sich die Investitionsaufwendungen durch diesen Ertrag auszahlen.

Zusätzlich helfen Umweltzeichen, als Marketinginstrumente mehr Nachfrage zu generieren, da allein schon die Umweltzeichenvergabe Aufmerksamkeit auf den gastgewerblichen Betrieb zieht. Das Scandic Hotel in Berlin wurde wegen der Auszeichnung als erstes deutsches Hotel mit dem EU-Ecolabel vielfach in der Presse erwähnt, was zu einer guten Nachfrage bereits kurze Zeit nach Eröffnung beigetragen hat. Des Weiteren zeigen Studien, dass Hotels

System-Check bietet die Chance, unterschiedliche wichtige Themen durchzuarbeiten, die im Tagesgeschäft oft in den Hintergrund geraten.

Eine Erhebung von Sirota Survey Intelligence zeigt, dass 86 Prozent der Mitarbeiter, die mit dem ökologischen und sozialen Bekenntnis des Unternehmens zufrieden sind, ein hohes Maß an Bindung zum Arbeitgeber zeigen, im Vergleich zu nur 37 Prozent, wenn Mitarbeiter nicht mit dem Bekenntnis zufrieden sind. (Starritt 2007, S.2) Zu wissen, dass das eigene Unternehmen einen positiven Beitrag zur Umwelt leistet, ist befriedigend und stärkt die Arbeitsmoral. Zertifizierungen helfen dabei, die internen Bemühungen an Mitarbeiter zu kommunizieren und greifbar zu machen.

Selbst bei dem Thema Fachkräftemangel, das die Hotelbranche in den letzten drei Jahren sehr beschäftigt hat, können nachhaltige Zertifizierungen unterstützen. In einer repräsentativen Untersuchung des Beratungsunternehmens Universum mit 20.000 befragten Studenten gaben 33 Prozent an, dass sie bei der Arbeitgeberwahl auf das Corporate Social Responsibility Programm achten. 30 Prozent konstatierten, dass sie auf hohe ethische Standards achten. (Meinert 2011, S.1)

nach Einführung von Umweltzertifizierungen eine höhere Auslastung erfahren haben. Über ein spanisches Hotel der Sol Meliá Kette wird in einer Untersuchung berichtet, dass 15 Prozent mehr Zimmer verkauft werden konnten, nachdem es mit der Umweltzertifizierung und den umgesetzten Umweltmaßnahmen geworben hatte. (Honey/Steward 2002, S.44-45) Auch das oben genannte Hotel in Hong Kong berichtete in der Erhebung über einen Nachfrageanstieg durch die Zertifizierung. Da jede Nachfrage jedoch auf verschiedenen Faktoren beruht, ist es schwer möglich, die Auswirkung von Zertifizierungen genau zu beziffern.

Weitere Studien belegen, dass Zertifizierungen auch internen Nutzen aufweisen, der zwar schwer quantitativ erfassbar ist, aber dennoch für die Einführung von nachhaltigen Systemen spricht. »Zu den positiven Auswirkungen [von Zertifizierungen] gehörten erhöhte Einhaltung der vielen und komplizierten nationalen Vorschriften, höhere Motivation der Mitarbeiter, transparentere und effektivere Führung, geringeres Risiko von Verbindlichkeiten sowie die Zuweisung von Verantwortung und den Informationsfluss zu allen ökologischen Themen«. (Steger 2000, S.27) Viele Zertifizierungen fordern einen System-Check, der die reinen ökologischen Maßnahmen übertrifft. Dieser

Die größte Gefahr für den Erfolg von Umweltzertifizierungen ist die geringe Marktakzeptanz. Ähnlich wie beim Gestalten von öffentlichen Grünanlagen haben Umweltzeichen das Problem, dass der Käufer – in diesem Fall der Gast, der einen gastgewerblichen Betrieb mit Umweltzeichen auswählt – keinen direkten Nutzen aus der Entscheidung zieht, sondern die Verbesserung der Umwelt allen zugute kommt. Gäste, die kein Hotel mit Umweltzeichen wählen, bekommen jedoch den gleichen Nutzen – Verbesserung der Umwelt – wie Gäste, die einen Aufpreis für Hotels mit Umweltzeichen bezahlen. Der direkte Nutzen von

Hotels mit Umweltzeichen wird daher verwässert, zumal die meisten Umweltaktivitäten im Hintergrund ablaufen. Der ökonomisch rational denkende Mensch würde deshalb kein Hotel mit Umweltzeichen bevorzugen und lieber als »Trittbrettfahrer« den Nutzen ohne Kosten in Anspruch nehmen. Die Schlussfolgerung wäre, dass kein Mensch für Umweltzeichen einen Aufpreis bezahlen würde und Umweltzeichen ihren Wert verlieren. Für das Hotel bedeuten Umweltzertifizierungen daher nur einen unnötigen Zeit- und Kostenaufwand. Die schrittweise Veränderung der Gesellschaft in Richtung nachhaltiges Denken und Wirtschaften zeigt jedoch, dass sich der Trend zu Gunsten von Umweltzertifizierungen entwickelt.

Eine weitere Gefahr liegt in der großen Vielfalt der Systeme. Seit 1994 ist die Zahl der Umweltzeichen im Tourismus weltweit rapide angestiegen. So gab es 1988 nur drei Umweltzertifizierungen, aber vier Jahre später schon 22 weitere. Der Aufschwung hielt in den folgenden Jahren kontinuierlich an, sodass das Informationsportal DestiNet heute 125 Umweltzertifizierungen im Tourismus listet, darunter ca. 65 Prozent für Beherbergungsbetriebe sowie ca. 75 Prozent allein aus Europa. (DestiNet 2013, S.1) Da in den vergangenen 23 Jahren nicht nur Neuzugänge, sondern auch Abgänge die Statistik beeinflussten, gab UNWTO eine Studie heraus, in der eine durchschnittliche Lebensdauer von Umweltzertifizierungen von vier Jahren errechnet wurde. Die große Auswahl an Zertifizierungen und Systemen führt bei vielen Gästen zu Verunsicherung und erschwert es ihnen, Vertrauen in die einzelnen Systeme zu setzen.

ANZAHL AN WELTWEITEN UMWELTZERTIFIZIERUNGEN IM TOURISMUS

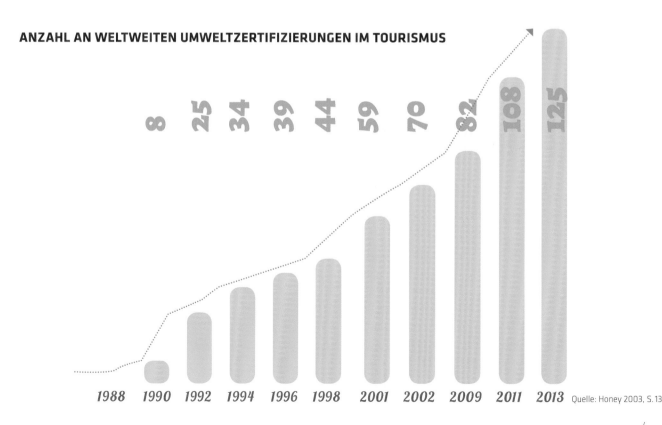

1988	1990	1992	1994	1996	1998	2001	2002	2009	2011	2013
8	25	34	39	44	59	70	82	108	125	

Quelle: Honey 2003, S. 13

Eine Untersuchung im Auftrag von TUI aus dem Jahr 2000 mit ungefähr der Hälfte der derzeit existierenden Umweltzertifizierungen berichtet, dass Gäste von der großen Anzahl an Zertifizierungen verwirrt sind. (European Commission 2000, S. 364)

Norm bei Qualitätsmanagementsystemen. Es gibt zwar eine ISO-Norm für Umweltmanagement, ISO 14001, jedoch wurde diese in der Fachpresse oft in Verbindung mit »Greenwashing« genannt, da sie kein Garant für Umweltmaßnahmen ist, sondern nur ein Um-

»Der Wirrwarr macht es unmöglich, zu unterscheiden zwischen den ernsthaften Versuchen, einer steigenden Umweltbelastung entgegenzuwirken, und den pseudo-ökologischen Versprechen, deren Erfinder in erster Linie an die eigene Kasse denken«

(Loppow 1992, S. 1)

Je mehr Umweltzertifizierungen auf dem Tourismusmarkt vertreten sind, desto eher denken Kunden, dass die Kriterien und der Prozess subjektiv und daher nicht von wirklicher Bedeutung sind.

weltmanagementsystem einführt. Ein weiterer Grund sind die regionalen Unterschiede und notwendigen Standards, die bei den Umweltkriterien beachtet werden müssen. Es muss daher nicht negativ sein, dass es viele re-

»Wissen geht in dem Maße verloren, wie Informationen zunehmen«.

(Landmann 1998, S. 42)

Des Weiteren werden Menschen durch die modernen Technologien mit Informationen und Auswahlmöglichkeiten überflutet, sodass sie sich nicht noch zusätzlich Informationen über Umweltzeichen einholen können oder wollen.

Die Gefahr besteht, dass, je mehr Umweltzeichen existieren, sie umso weniger wahrgenommen und geschätzt werden. Dies führt auch dazu, dass Umweltzeichen ihre Versprechen als Marketinginstrument nicht erfüllen können.

Viele Verbraucher fragen sich, warum es so viele Umweltzertifizierungen gibt. Einmal mag es daran liegen, dass sich bisher keine der Umweltzertifizierungen wirklich durchgesetzt hat, wie beispielsweise die ISO 9000

gionale Umweltzertifizierungen gibt, da sich diese besser an die lokalen Gegebenheiten anpassen können.

Jedoch mindern Beispiele wie die ISO 14001-Zertifizierung des »besonders gefährliche[n] und älteste[n] Druckwasserreaktor[s] der Welt« (Mayer 2011, S. 1) das Image von Umweltzeichen und verunsichern die Marktteilnehmer. Der Begriff Umweltzertifizierung ist nicht geschützt, und es wird immer wieder schwarze Schafe geben. Aus diesem Grund ist es wichtig, dass sich die Systeme durch eine anspruchsvolle Zertifizierung von der Masse abheben und das Vertrauen der Kunden gewinnen. Beispiele wie Stiftung Warentest oder Öko-Test haben gezeigt, dass sich ein hoher Anspruch auszahlen kann.

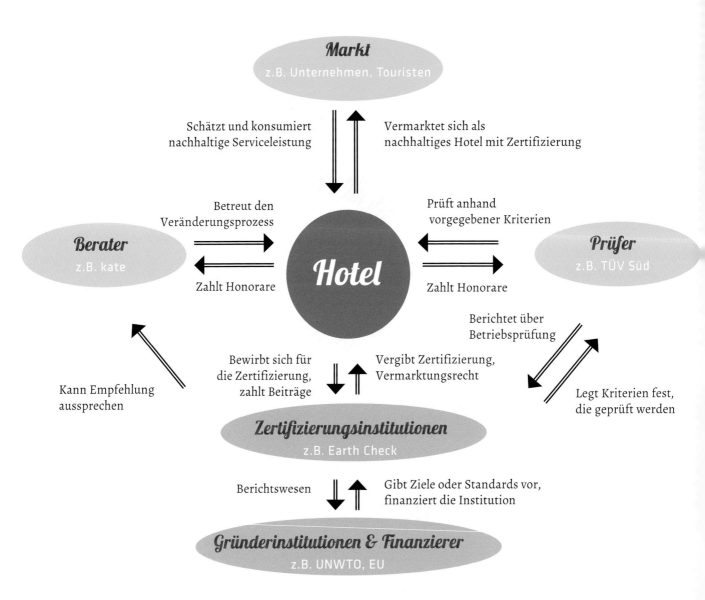

AKTEURE BEI DER ZERTIFIZIERUNG EINES HOTELS

Quelle: Honey 2003, S. 13

UMWELTZERTIFIZIERUNGEN VERSTEHEN

Für das Verständnis und die effektive Anwendung von Umweltzeichen ist es essentiell, alle Akteure und Prozesse zu identifizieren und deren Funktion für das Gelingen aufzuzeigen. Gastgeber bekommen hierdurch Einblicke in die Formen der Systeme und können selbst entscheiden, welche Ansprüche sie an die Zertifizierung stellen, mit der ihr Betrieb ausgezeichnet wird.

DIE AKTEURE BEI DER ZERTIFIZIERUNG: WER MISCHT MIT?

Die Initiatoren für die Gründung von Umweltzeichen sind Institutionen, die aus Unternehmen, staatlichen Organen oder gemeinnützigen Interessensgruppen bestehen und entweder die Aufgabe der Gründung, Leitung oder der Finanzierung übernehmen. Zusätzlich bleiben die Institutionen mit der neuen Zertifizierungsgesellschaft über mehrere Jahre verbunden, um die Ziele und die Kriterien der Umweltzertifizierung beeinflussen zu können. Dies wird in den meisten Fällen positiv bewertet, da Institutionen wie z. B. die Europäische Union ein natürliches Interesse an einem anspruchsvollen und effektiven Zertifizierungsprozess haben. Es ist von Vorteil, wenn viele Gründerinstitutionen vereint sind, da dies den Anspruch erhöht und die Vermarktung verbessert.

Aufgaben der Zertifizierungsorganisation sind die Erstellung des Kriterienkataloges, die Koordination des Zertifizierungsprozesses und die Vermarktung des Umweltzeichens. Zudem übernehmen verschiedene Organisationen noch die Beratungsaufgabe, um die Gastgeber bei der Umsetzung der Standards zu unterstützen. Die ausgearbeiteten Kriterien werden an den Prüfungsausschuss – z. B. TÜV Süd – übermittelt, der den Betrieb in Bezug auf die Kriterien untersucht. Beim Erreichen der prozentualen Mindestkriterien vergibt die Organisation eine Urkunde mit den Vermarktungsrechten des Umweltzeichens. Der gastgewerbliche Betrieb darf nun das Symbol auf Broschüren und auf der Internetpräsenz verwenden, um sich bei Gästen als ein nachhaltiges Unternehmen zu präsentieren. Diese belohnen das nachhaltige Wirtschaften damit, dass sie einen höheren Preis für die nachhaltigen Leistungen akzeptieren oder das Produkt im Vergleich mit den Wettbewerbern ohne Umweltzeichen bevorzugen.

REGIONALE ODER INTERNATIONALE UMWELTZERTIFIZIERUNGEN: WELCHE SOLLEN ES SEIN?

Umweltzertifizierungen unterscheiden sich in regionale, überregionale und internationale Systeme.

Experten glauben, dass regionale Zertifizierungen lokale Gegebenheiten und Bedürfnisse in den Kriterien besonders einbauen oder hervorheben können. Eine Studie von UNEP zeigt, dass regionale Umweltzertifizierungen

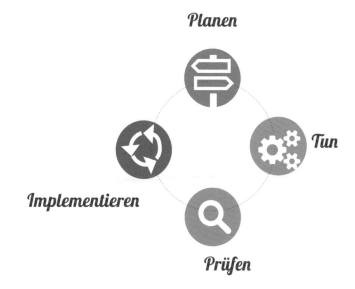

anspruchsvollere Kriterien verlangen, als es bei überregionalen der Fall ist. Des Weiteren ist die Wahrscheinlichkeit größer, dass regionale Zertifizierungen mit lokalen Interessenvertretern (Umweltorganisationen, Bund, Ländern) kooperieren und finanziell gefördert werden.

Obwohl die meisten Umweltzeichen einen regionalen Fokus haben, liegt der Trend heute bei Internationalisierung und Konsolidierung. Die Gründe hierfür liegen in der Globalisierung des Gastgewerbes. Internationale Gäste kennen regionale Umweltzeichen nicht, sodass das Symbol an Wert verliert. Da dies nicht eine Minderheit der Gästeanzahl ausmacht, sondern oftmals die Mehrheit der Gäste betrifft, haben international bekannte Umweltzeichen große Vorteile.

Ein weiterer Grund hierfür ist der Degressionseffekt (Economies of Scale), der besagt, dass sich die Stückkosten (vor allem für Marketing und Training) bei einer größeren Anzahl an Kunden stetig verringern. Internationale Systeme können wegen der hohen Verbreitungsmöglichkeit an Werbung und administrativen Kosten sparen und dies an die Kunden weitergeben.

WAS SIND UMWELTMANAGEMENT-SYSTEME?

Ein Umweltmanagementsystem (auch UMS) kann ähnlich wie ein Qualitätsmanagementsystem in Bezug auf Umweltziele verstanden werden. In der Fachliteratur wird es definiert als ein transparenter und systematischer Prozess mit dem Zweck, umweltpolitische Ziele, Richtlinien und Verantwortlichkeiten zu definieren und einzusetzen sowie regelmäßige Überprüfungen der Elemente durchzuführen. (Steger 2000, S.24) Solch ein Managementsystem verlangt von Unternehmen, dass diese ihre Umwelteinflüsse identifizieren und in einem kontinuierlichen Verbesserungsprozess verringern.

Ursprünglich stammen UMS aus einer Bewegung von innovativen Europäischen Unternehmern, die eine pro-aktive Einstellung zu Umweltaspekten hatten. Statt als Belastung sollten sie als wirtschaftliche Möglichkeiten angesehen werden. Umweltaudits wurden als Werkzeuge für das interne Risiko-Management entworfen, sodass Unternehmen Umweltfaktoren in die Berechnung einfließen lassen konnten. (Steger 2000, S.23-24) Aus dieser Bewegung wurde im Jahre 1993 durch den Rat der Europäischen Union das erste Europäische Umweltmanagementsystem, das Eco-Management and Auditing Scheme (EMAS-Verordnung) eingeführt. Drei Jahre später entwarf die Internationale Organisation für Normung (ISO) eine internationale Norm für Umweltmanagementsysteme – die ISO 14001 Norm –, die für alle Industrien weltweit gültig ist. Beide Systeme beinhalten eine Reihe an Management-Kriterien mit den folgenden sechs Kernthemen: Umweltziele, Planung, Verfahren und Steuerung, Training und Bildung, Kommunikation, Revision und kontinuierliche Verbesserung. (Chan/Hawkins 2011, S.13) Umweltmanagementsysteme zeigen große Ähnlichkeit mit dem Total Quality Management System (TQM), da sie sich an dem Deming-Kreis mit den Funktionen Planen, Ausführen, Überprüfen und Optimieren orientieren.

UMS beinhalten ausschließlich Prozesskriterien für den Aufbau eines internen Managementsystems mit dem Fokus auf kontinuierlicher Verbesserung. Auf der einen Seite ermöglicht dies eine Anwendung in allen Industrien weltweit, auf der anderen Seite bietet es Raum für viel Kritik in Bezug auf die Effektivität der Umweltmaßnahmen. Die Zertifizierung kann hierbei nur auf Basis von Managementkriterien geschehen, die jedoch wenig Vertrauen beim Kunden wecken. So wird auf Umweltschutzwebseiten kritisiert, dass Unternehmen wie der Atom- und Kohleenergiekonzern EnBW, das Atomkraftwerk Beznau und Isar 1 und 2 mit ISO 14001 oder EMAS zertifiziert sind. (Mayer 2011, S.3) Zudem sind die Systeme kompliziert und sehr technisch orientiert, der Fokus liegt mehr auf internen Betriebssystemen als auf ökologischen Auswirkungen in der Umgebung. (Honey 2003, S.16) Das Audit überprüft nur, wie ein Unternehmen tätig ist, nicht, was es unternimmt. Eine Studie aus dem Jahr 2011 bestätigt diese Kritikpunkte, da die untersuchten Hotels mit UMS sehr unterschiedliche Erfolge aufzeigen. (Bonilla Priego et al. 2011, S.369) Trotz der Verbesserungen durch neue Verordnungen, wie ISO 14001:2004 und EMAS II, ist die Aussage von vielen Fachleuten, dass UMS helfen kann, Umweltziele zu definieren und einzuführen, die Verbesserung aber nur so gut ist, wie es selbst gewünscht wird.

WAS SIND EIGENTLICH KLIMA-KOMPENSATIONSSYSTEME?

Seitdem über die globale Erderwärmung öffentlich diskutiert wird, werden verschiedene Klima-Kompensationssysteme als mögliche Lösungen im Tourismus präsentiert. CO_2-Rechner oder der CO_2-Fußabdruck sind neue Umweltwerkzeuge, die Konsumenten zum ersten Mal die Möglichkeit geben, den durchschnittlichen CO_2-Ausstoß beispielsweise einer Hotelübernachtung zu berechnen. Da der CO_2-Ausstoß weltweite Folgen hat, zeigen Gesellschaften wie atmosfair oder CO_2OL Wege auf, den errechneten CO_2-Wert mit Investitionen in Projekte (vor allem in Entwicklungsländern), die einen vergleichbaren CO_2-Wert einsparen, zu kompensieren. Der Grund für die Kompensation hat einen betriebswirtschaftlichen Hintergrund – es ist um ein vielfaches günstiger, einen bestimmten CO_2-Ausstoß in Entwicklungsländern zu verringern, z. B. durch neue Filter in Produktionsanlagen oder neue Baumpflanzungen, als eine Verringerung bei den verwendeten Produkten zu fördern. Teilweise ist der Ausstoß auch unabdingbar, wenn der technische Fortschritt noch keine Verringerung erlaubt. Die CO_2-Kompensationsprojekte werden durch Klimaschutzzertifikate wie den CarbonFix-Standard ausgezeichnet, sodass der Kunde sicherstellen kann, dass sein Beitrag wirklich in die Verringerung des von ihm verursachten CO_2-Ausstoßes investiert wird.

Der Vorteil von Emissionsrechnern für Hotels und Gastronomiebetriebe liegt darin, dass der Gast selbst die Kosten für die Kompensationen tragen kann und daher keine Aufwendungen für das Unternehmen entstehen. Jedoch müssen Gäste bei der Buchung, dem Check-in oder dem Check-out darüber informiert bzw. dafür motiviert werden. atmosfair geht davon aus, dass in den letzten Jahren nur ca. ein Prozent aller Flüge oder Hotelübernachtungen kompensiert wurden.

Zusätzlich zu den Kompensationsrechnern gibt es einzelne Zertifizierungssysteme, die den gesamten CO_2-Ausstoß eines gastgewerblichen Betriebs untersuchen, Strategien zur Verringerung bieten und die anfallende Menge kompensieren.

DIE ISO 26000

Im November 2010 veröffentlichte die Internationale Organisation für Normung (ISO) das Ergebnis zum aufwendigsten Normungsprozess ihrer Geschichte, die ISO-Norm 26000: Guidance for Social Responsibility. 450 Experten und 210 Beobachter aus 99 Ländern haben zusammen mit 42 repräsentativen Organisationen und Interessenvertretern aus Industrie, Regierung, Gewerkschaften, Verbraucherverbänden, Dienstleistungsgewerbe und Wissenschaft in über fünf Jahren einen Leitfaden zur Implementierung von gesellschaftlicher Verantwortung für Unternehmen und Organisationen aus allen Branchen erarbeitet. (ISO 2011b, S. 3) Im Unterschied zu anderen ISO Normen stellt die ISO 26000 keine Mindestanforderungen an das Unternehmen und kann daher nicht wie ein Managementstandard zertifiziert werden. Vielmehr geht es bei dieser Norm um einen weltweiten Konsens über die Definition von gesellschaftlicher Verantwortung von Unternehmen und Organisationen sowie über Richtlinien und Ratschläge, mit dem Ziel, die richtigen Maßnahmen hierfür erfolgreich zu implementieren. ISO 26000 versucht die internationalen Erfahrungen in Bezug auf die soziale Verantwortung von Unternehmen zu bündeln; womit muss sich eine Organisation befassen, um in einer sozial verantwortlichen Weise zu arbeiten, und was sind die besten Möglichkeiten bei der Umsetzung von sozialer Verantwortung. Die Leitlinie, zu der sich Unternehmen freiwillig verpflichten können, besteht aus sieben Kernthemen, die eine ganzheitliche Annäherung an das Thema Corporate Social Responsibility bieten. Die Norm soll eine offene Leitlinie bleiben. Obwohl die weltweiten Reaktionen zur Veröffentlichung der Norm durchweg positiv waren, werden erst die nächsten Jahre zeigen, inwieweit sie sich durchsetzt. Die Umweltzertifizierung CSR Tourism Certified wirbt damit, dass ihre Kriterien auf den ISO 26000 Kernthemen basieren und zeigt somit, dass ISO 26000 ein

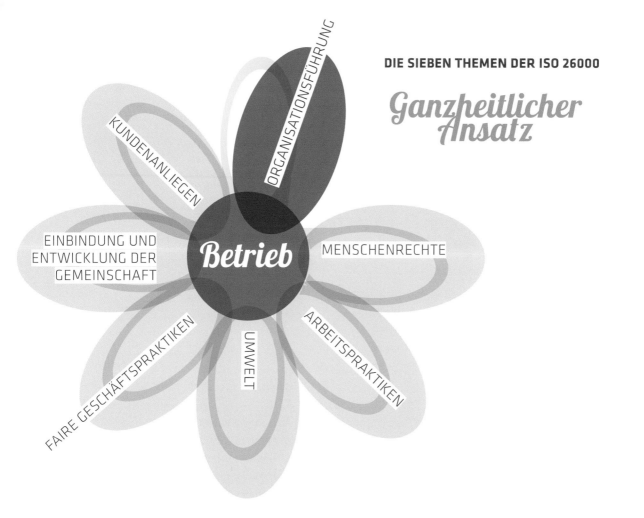

Ganzheitlicher Ansatz

ORGANISATIONSFÜHRUNG

KUNDENANLIEGEN

EINBINDUNG UND ENTWICKLUNG DER GEMEINSCHAFT

Betrieb

MENSCHENRECHTE

FAIRE GESCHÄFTSPRAKTIKEN

UMWELT

ARBEITSPRAKTIKEN

wichtiger Leitfaden, auch für den Tourismus, werden kann. (Giraldo et al. 2011)

WAS BEDEUTET GSTC AKKREDITIERTE ZERTIFIZIERUNG?

Um den Dialog zwischen den verschiedenen Umweltzertifizierungen im Tourismus zu fördern, wurde mit Unterstützung der wichtigsten Organisationen im Bereich Tourismus und Nachhaltigkeit im Jahr 2003 das Sustainable Tourism Stewardship Council (STSC) gegründet. Ziel war es, alle Beteiligten an einem Tisch zu versammeln und konstruktive Möglichkeiten zu suchen, Nachhaltigkeit im Tourismus zu stärken. Zusammen mit allen führenden Wissenschaftlern in diesem Bereich, Vertretern von Umweltzertifizierungen, der Wirtschaft und staatlichen Organen wurde vier Jahre später der weltweit erste Standardkatalog für nachhaltigen Tourismus definiert. Die Unterstützung war sehr groß, da sich alle Vertreter einig waren, dass das Fehlen eines klaren und universellen Standardkataloges eines der

größten Probleme für Umweltzertifizierungen darstellt. STSC schloss sich 2009 mit dem Global Sustainable Tourism Criteria zusammen, was zu der Namensänderung zum Global Sustainable Tourism Council (GSTC) führte.

Nach verschiedenen Beratungsrunden mit über 50 weltweiten Organisationen wurde im Oktober 2008 die erste Version des Standardkataloges mit 37 Kriterien erstellt. Die Verfasser haben nicht versucht, neue Kriterien hervorzubringen, sondern bestehende Kriterien aufgegriffen und Mindestkriterien herausgearbeitet, die nun weltweit Anwendung finden. Die Resonanz war beeindruckend, nicht zuletzt, da das Global Sustainable Tourism Council zum ersten Mal alle Akteure versammelt und einen guten Konsens zustande gebracht hat. Die Kriterien, die alle zwei Jahre überarbeitet werden, wurden bisher von über 170 Städten und Ländern unterzeichnet und werden von den meisten Umweltorganisationen als internationaler Standard für nachhaltigen Tourismus gesehen.

Die zweite Aufgabe, welche die GSTC seit 2010 angegangen ist, könnte den Umweltzeichenmarkt der nächsten Jahre grundlegend verändern. Zertifizierungsorganisationen werden meistens von kleinen, gemeinnützigen Organisationen unterstützt, die sowohl die Kriterien als auch den Zertifizierungsprozess gestalten. Jedoch führte dies dazu, dass es bisher wenig Transparenz bei den Kriterien und den Prozessen gibt, keine Anerkennung zwischen den Institutionen vorhanden ist und vereinzelt Manipulationen im Bereich Greenwashing auftreten. Da dies Kunden noch mehr verwirrt und davon abhält, Vertrauen in Umweltzeichen zu setzen, gibt es schon seit mehreren Jahren die Forderung nach einer übergeordneten Kontrollstelle, die eine Zertifizierung der Zertifizierer durchführt. Erfahrungen mit dem Akkreditierungsprozess des Forest Stewardship Council (FSC) haben gezeigt, dass Akkreditierungen einen wichtigen Beitrag für Verbesserungen, Vereinheitlichungen und internationale Anerkennung leisten. (Sanabria 2002, S. 326) Vor allem kleine, regionale Zertifizierungsgesellschaften mit geringen finanziellen Ressourcen könnten stark von einer Akkreditierung und der daraus resultierenden internationalen Anerkennung profitieren.

Seit Juli 2011 haben alle weltweiten Umweltzertifizierungen im Tourismus die Möglichkeit, ihren Zertifizierungsprozess anhand von drei Schritten – GSTC-Recognition, GSTC-Approved und GSTC-Accredited – hinsichtlich Glaubhaftigkeit, Transparenz, Objektivität und Übereinstimmung mit den GSTC-Kriterien überprüfen und akkreditieren zu lassen. In den drei Schritten werden sowohl die Umweltkriterien als auch der Prozess der Systeme sorgfältig untersucht. Akkreditierte Umweltzertifizierungen können mit dem GSTC-Logo werben und werden auf der GSTC-Webseite als akkreditierte Umweltzeichen gelistet.

ZUSAMMENFASSUNG

Umweltzertifizierungen können eine wichtige Funktion in der freien Marktwirtschaft einnehmen, diese wird aber bisher im Tourismus und speziell im Gastgewerbe noch nicht ausreichend wahrgenommen. Gäste zeigen großes Interesse für Umweltschutz, sind aber mit dem Thema Zertifizierungen zu wenig vertraut. Selbst das Verlangen der Gäste nach Kontrolle und Sicherheit wurde durch die vorhandenen Zertifizierungen in Deutschland bisher unzureichend befriedigt, da die bestehenden Umweltzertifizierungen sich sehr schwer am Markt etablieren konnten.

Umweltzertifizierungen sollten nicht als Allgemeinlösung oder Vermarktungsmagnet gesehen werden. Stattdessen sind sie Managementwerkzeuge, um Nachhaltigkeit im Unternehmen zu fördern, sowie Marketinginstrumente, um Kunden auf die Bemühungen aufmerksam zu machen. Beide Funktionen müssen bei Zertifizierungen vorhanden sein, um einen Mehrwert für den Gast und den Gastgeber zu bieten.

Gastgewerbliche Betriebe sollten sich mit den betrachteten Themen und Differenzierungen befassen und dabei die Stärken sowie die Schwächen der einzelnen Zertifizierungen erkennen. Ausgerüstet mit dem Wissen über die unterschiedlichen Prozesse und Kriterien, können sich die Verantwortlichen für ein geeignetes Umweltmanagementsystem oder eine Umweltzertifizierung entscheiden. Trotz der schlechten Ergebnisse der letzten 20 Jahre machen die Kundenerwartungen und die GSTC-Bewegung Hoffnung auf eine bessere Zukunft. Der Trend ist vorgegeben, die Frage ist nur, wie lange es dauert, bis sich Gastgeber mit dem Konzept Umweltzertifizierung anfreunden und es als Unternehmenschance, statt als zusätzlichen Kostenfaktor erkennen.

Network for Business Sustainability
Business. Thinking. Ahead.

SUSTAINABLE TRAVEL INTERNATIONAL™
Leave the world a better place®

TRAVELFOREVER
GLOBAL SUSTAINABLE TOURISM COUNCIL

EcoTourism Irelan

SAVOUR **Green** TABLE
AUSTRALIA

ehc
eco hotels certified

Viabono®
Auszeichnung
umwelt– und klimafreundlich Reisen

Blaue Schwalbe

GREEN BRANDS
Germany

We protect children from sex tourism.

LEGAMBIENTE per le energie rinnovabili

GREEN GLOBE

NORDISCHES UMWELTZEICHEN • NORDIC ECOLABEL
523 001

CORPORATE SOCIAL RESPONSIBILITY
CSR TOURISM
CERTIFIED

Travelife
Sustainability in tourism

ECO CAMPING

Green LODGING FLORIDA
THREE PALM †††

Green Tourism
GOLD

plant for the **PLANET**
Le projet de reforestation des hôtels Accor

SWISS MADE
NACHHALTIG
SUSTAINABLE

BIO

BIO HOTELS
mit Sicherheit genießen

Hôtels au *Naturels*

Station Verte
Tourisme responsable

green hospitality award

DGNB

EARTHCHECK

CHOUETTE NATURE

GREEN GLOBE 21

GREEN SPA

eco CERTIFIED Tourism

WELLNESS®

WWF®

ecoGÎTE

BIOSPHERE RESPONSIBLE TOURISM

ibex fairstay

SUSTAINABLE TOURISM

ADVENTURE GREEN ALASKA

EMAS
GEPRÜFTES UMWELTMANAGEMENT

RAINFOREST ALLIANCE
CERTIFIED
EST 1987

Green Key

EINBLICKE IN DIE UMWELTZERTIFIZIERUNGEN

Aktuell hat ein deutsches Hotel die Auswahl an über 18 möglichen Umweltzertifizierungen, darunter regionale sowie internationale Anbieter. Da es für ein Hotel mit einer derart großen Auswahl unmöglich ist, eine fundierte Entscheidung zu treffen, wird im folgenden Kapitel versucht, die Umweltzertifizierungen kurz vorzustellen sowie die Stärken und Schwächen herauszuarbeiten. Ein kleiner Hinweis auf den Anspruch der Zertifizierung zeigt sich durch die Bewertung der Verbraucher Initiative e.V. (www.label-online.de) sowie die Akkreditierung durch GSTC. Hoteliers können sich dadurch ein besseres Bild des Zertifizierungsprozesses machen. Jedoch muss jedes Hotel individuell entscheiden, was der Schwerpunkt der Zertifizierung sein soll und welche Zertifizierung am besten zu dem jeweiligen Haus passt.

ÖKOLOGISCHE ZERTIFIZIERUNGEN

Ökologische Zertifizierungen beschränken sich auf die Umweltfaktoren im Hotel, darunter primär Wasser, Energie und Müll. Bei einigen werden zudem noch der CO_2-Ausstoß sowie die CO_2-Kompensierung berechnet. Zu dem Thema Nachhaltigkeit bieten die meisten ökologischen Zertifizierungen einen guten Anfang im Bereich Ökologie, jedoch werden die sozialen Themen ausgeblendet.

BAYERISCHES UMWELTSIEGEL FÜR DAS GASTGEWERBE

Als einzige regionale Umweltzertifizierung wurde das Bayerische Umweltsiegel von der Bayerischen Staatsregierung in Kooperation mit dem Bayerischen Hotel- und Gaststättenverband DEHOGA Bayern e.V. und der Bayern Tourismus Marketing GmbH im Jahr 1997 ins Leben gerufen, um Beherbergungs- und Gaststättenbetriebe auszuzeichnen, die umweltorientiert wirtschaften. Insgesamt sind bisher 127 Hotels und 13 Restaurants in Bayern ausgezeichnet, darunter primär Individualbetriebe. Bei erfolgreicher Zertifizierung wird das Hotel auch auf der Webseite des Umweltpakts Bayern gelistet, die über 3.000 bayerische Betriebe aus allen Branchen zeigt, welche sich zu Umweltmaßnahmen verpflichtet haben.

www.gastgeber-bayern.de/qualitaetssiegel/umweltsiegel
HAUPTSTANDORT: München, Deutschland
STÄRKEN: Günstiger Zertifizierungsprozess, angepasst an regionale Gegebenheiten
SCHWÄCHEN: Nur für bayerische Betriebe; Kontrollen und Maßnahmen bei Verstößen sind nicht geregelt; wenig Marketingaktivitäten
LABEL-ONLINE BEWERTUNG: Eingeschränkt empfehlenswert
GSTC-AKKREDITIERT: Nein

BLAUE SCHWALBE

Die fairkehr GmbH, die auch das jährliche Magazin Verträglich Reisen mit einer Auflage von 215.000 Exemplaren herausgibt, bietet seit 1989 die Zertifizierung Blaue Schwalbe für das Gastgewerbe an. Bisher sind über 150 Unterkünfte in Deutschland, Österreich, Schweiz, Frankreich und Italien zertifiziert, davon 63 allein in Deutschland. Sowohl Hotels als auch Ferienwohnungen und Pensionen sind vertreten. Die Mitgliedsgebühren richten sich nach der Größe der Anzeige in dem Magazin Verträglich Reisen. Als deutschsprachiges Magazin wird es in Österreich, der Schweiz sowie in Luxemburg vertrieben.

www.vertraeglich-reisen.de/bio-urlaub/blaue-schwalbe-kriterien.php
HAUPTSTANDORT: Bonn, Deutschland
STÄRKEN: Zertifizierte Hotels werden im Magazin hervorgehoben
SCHWÄCHEN: Keine externen Prüfer bzw. Überprüfung der Betriebe; nur 14 Kriterien, die nicht klar und nachprüfbar formuliert sind
LABEL-ONLINE BEWERTUNG: Eingeschränkt empfehlenswert
GSTC-AKKREDITIERT: Nein

EMAS
GEPRÜFTES
UMWELTMANAGEMENT

www.emas.de
HAUPTSTANDORT: Brüssel, Belgien
STÄRKEN: Vielzahl an Management-
systemverordnungen; Fokus liegt auf
kontinuierlicher Verbesserung; wird
durch die EU gefördert
SCHWÄCHEN: Keine Leistungskriterien,
daher kein Garant für Nachhaltigkeit;
unterschiedlich hohe Beratungskosten
LABEL-ONLINE BEWERTUNG: Keine
Bewertung, nur Beschreibung:
»Das EMAS-Logo bürgt für
Glaubwürdigkeit und Seriösität«
GSTC-AKKREDITIERT: Nein

EMAS III (2010)

Das Eco-Management and Audit Scheme, auch EU-Öko-Audit genannt, ist eine Verordnung der Europäischen Union, die in der ersten Version 1993 verabschiedet wurde, dann 2001 als EMAS II weiterentwickelt wurde und zuletzt im Jahr 2010 als EMAS III in Kraft getreten ist. Die Umweltverordnung ist eines der zwei erwähnten reinen Umweltmanagementsysteme, die nur auf der Grundlage von Managementkriterien basieren. EMAS III ist auf der ISO 14001 Norm aufgebaut, stellt jedoch zusätzliche Anforderungen an das Unternehmen, beispielsweise eine verbindliche Umwelterklärung. Die Verordnung wurde, anders als die weltweit gültige ISO-Norm, für europäische Unternehmen entwickelt. Jede Regierung in der EU besitzt eine lokale Zertifizierungsstelle wie den Umweltgutachterausschuss beim Deutschen Bundesministerium für Umwelt, Naturschutz und Reaktorsicherheit, der die Zertifizierung in Deutschland durchführt. Bisher haben sich über 4.100 europäische Unternehmen aus allen Branchen validieren lassen, darunter auch ca. 250 Hotels. Obwohl es fast 1.300 EMAS-registrierte Organisationen in Deutschland gibt, haben sich bisher nur 38 deutsche Hotels für die Zertifizierung entschieden. Seit wenigen Monaten wird die EMAS-Verordnung durch das Programm »EMAS goes global« auch in anderen Ländern eingesetzt.

EU-ECOLABEL (EUROPÄISCHES UMWELTZEICHEN)

Ähnlich wie EMAS ist auch das Europäische Umweltzeichen durch eine EU-Verordnung entstanden. In Abgrenzung zu EMAS ist das EU Ecolabel als Kennzeichnung von Verbraucherprodukten und Dienstleistungen gedacht, die spezielle Umweltauflagen – primär Leistungskriterien – erfüllen, die über die gesetzlichen Anforderungen hinausgehen. Bisher gibt es Kriterienkataloge für 24 verschiedene Produktgruppen und Dienstleistungen, darunter seit 2003 auch für Beherbergungsbetriebe. Jede Produktzertifizierung behält die Gültigkeit, bis eine Verbesserung des Kriterienkataloges von der Europäischen Kommission verabschiedet wird. Die letzte Verordnung ist 2013 in Kraft getreten und wird in vier bis fünf Jahren durch eine neue ersetzt. In Europa gibt es bisher 400 zertifizierte Beherbergungsbetriebe, darunter ca. 160 Hotels. In Deutschland ist das Scandic Berlin das einzige Hotel mit dem EU Ecolabel, jedoch befinden sich drei weitere in der Prüfphase. Die Auszeichnung findet wie bei EMAS durch die staatlichen Institute der Mitgliedsländer statt. In Deutschland sind das RAL Deutsches Institut für Gütesicherung und Kennzeichnung e. V. sowie das Umweltbundesamt zuständig.

www.ecolabel.eu
HAUPTSTANDORT: Brüssel, Belgien
STÄRKEN: Ausführliche und anspruchsvolle Kriterien; Bekanntheit durch andere Branchen
SCHWÄCHEN: Erneute Prüfung erst nach vier bis fünf Jahren
LABEL-ONLINE BEWERTUNG: Empfehlenswert
GSTC-AKKREDITIERT: Nein

ISO 14001:2004

Die Internationale Organisation für Normung (ISO) veröffentlichte im Jahr 1996 die erste internationale Umweltmanagementnorm, ISO 14001. Als Managementsystem bietet sie Unternehmen aus allen Branchen die Werkzeuge, um die eigenen Umwelteinflüsse zu identifizieren und zu verringern, sowie einen systematischen Prozess, Umweltziele umzusetzen. Die Norm ist, wie die EMAS Verordnung, nicht auf eine spezielle Branche abgestimmt, sondern gibt Prozesskriterien vor, die ein branchenunabhängiges Umweltmanagement einführen. Wie bei den meisten ISO-Normen zertifiziert ISO die Norm nicht selbst, sondern vergibt die Aufgabe an akkreditierte Zertifizierungsstellen wie TÜV Süd oder die Deutsche Gesellschaft zur Zertifizierung von Managementsystemen (DQS). Anders als bei den anderen Zertifizierungen gibt es kein offizielles Logo, das an zertifizierte Unternehmen verliehen wird. Mit fast 300.000 zertifizierten Betrieben in 158 Ländern, davon viele aus der Industriebranche, ist ISO 14001 die am weitesten verbreitete Umweltzertifizierung. Insgesamt gibt es ca. 1.700 zertifizierte Hotels, wovon sich aber nur ca. 100 in Deutschland befinden.

www.iso.org/iso/iso14000

HAUPTSTANDORT: Genf, Schweiz

STÄRKEN: Stark international verbreitet; Fokus liegt auf kontinuierlicher Verbesserung

SCHWÄCHEN: Keine Leistungskriterien, daher kein Garant für Nachhaltigkeit; unterschiedlich hohe Beratungskosten

LABEL-ONLINE BEWERTUNG: Keine Bewertung, nur Beschreibung

GSTC-AKKREDITIERT: Nein

In Vietnam war das Sheraton Hanoi Hotel das erste ISO zertifizierte Hotel.

Green Key

www.umwelterziehung.de/projekte/
GreenKey/index.html
HAUPTSTANDORT: **Kopenhagen, Dänemark**
STÄRKEN: **Anspruchsvoller Zertifizierungs-
prozess; hohe internationale Verbreitung
(über 20 Länder)**
SCHWÄCHEN: **Geringe Vermarktung der
Zertifizierung**
LABEL-ONLINE BEWERTUNG:
Empfehlenswert
GSTC-AKKREDITIERT: **Nur Mitglied bei GSTC**

THE GREEN KEY

Die gemeinnützige Foundation for Environmental Education (FEE), eine renommierte internationale Umweltschutzorganisation, bietet fünf verschiedene Programme zur Umwelterziehung und nachhaltigen Entwicklung an. Darunter befinden sich die bekannte Umweltzertifizierung Blaue Flagge für Strände sowie seit 1994 die Umweltzertifizierung The Green Key für Beherbergungsbetriebe. Die FEE-Zentrale in Dänemark arbeitet mit nationalen Organisationen in über 20 Ländern, die die FEE-Programme und -Zertifizierungen, darunter auch The Green Key, durchführen. In Deutschland wurde die Zertifizierungslizenz an die Deutsche Gesellschaft für Umwelterziehung e.V. vergeben, die 2013 die Pilotphase mit 42 Hotels aus Deutschland, Österreich und der Schweiz erfolgreich gestartet hat. Davon haben bisher vier deutsche Hotels die Zertifizierung erhalten. Insgesamt wurden über 1.000 Hotels weltweit ausgezeichnet.

VIABONO

Bis zum Ende des 20. Jahrhunderts gab es keine anerkannte deutsche Umweltzertifizierung für Beherbergungsbetriebe. Daher haben Vertreter von Tourismusverbänden, unter anderem von DEHOGA, Verbraucherschutzorganisationen und Vertreter des Umweltministeriums viele Jahre an einem gemeinsamen Umweltprogramm gearbeitet. Im Jahr 2001 wurde die Dachmarke Viabono vorgestellt, die nachhaltige Beherbergungsbetriebe vertritt und »auf hochwertige Tourismusangebote in Deutschland [verweist], bei denen Komfort, Genuss und Entspannung in umweltfreundlicher Umgebung im Vordergrund stehen« (Gläser, S. 9). Unter dem Motto »Reisen natürlich genießen« wirbt Viabono, dass die Ziele Umweltfreundlichkeit und Zufriedenheit der Gäste vereinbar sind. Zusätzlich zu den Umweltkriterien wird jedem Viabono-Hotel die Bio-Zertifizierung und die Berechnung des CO_2-Fußabdrucks empfohlen. Über die letzten Jahre sind sechs weitere Kriterienkataloge hinzugekommen, um alle Beherbergungsmöglichkeiten (u.a. Pensionen, Campingplätze, Seminarhäuser, Ferienwohnungen) und sogar Reiseveranstalter und Kanuanbieter aufzunehmen. Trotz der starken Unterstützung von Vertretern aus deutschen

Das Radisson Blu.

Preisverleihung im Creativhotel Luise.

www.viabono.de
HAUPTSTANDORT: **Rösrath-Hoffnungsthal,
Deutschland**
STÄRKEN: **Fokus liegt auf Vermark-
tungskooperation; Unterstützung durch
Bundesministerien**
SCHWÄCHEN: **Keine Vor-Ort-Prüfung; keine
internationale Vermarktung**
LABEL-ONLINE BEWERTUNG:
Empfehlenswert
GSTC-AKKREDITIERT: **Nein**

Umweltschutzorganisationen, Tourismusver-
einen und staatlichen Organen sind zurzeit ca.
300 Betriebe, darunter aber nur ca. 80 Hotels,
primär aus ländlichen Regionen, zertifiziert.
Im Jahr 2011 kam durch die Zusammenarbeit
mit einem Anbieter für CO_2-Kompensationen,
CO_2OL, die Klimazertifizierung Klima-Hotels
zu dem Portfolio hinzu.

Das Landhotel Struck ist ebenfalls ausgezeichnet.

Ebenso das Naturresort Schindelbruch.

Gutshof Ziegelhütte Hotel und Restaurant mit dem Zertifikat viabono.

Willkommen im Creativhotel Luise.

Das Gran Hotel Bahía del Duque Resort ist zertifiziert mit Biosphere Responsible Tourism.

NACHHALTIGE ZERTIFIZIERUNGEN

Zusätzlich zu den ökologischen Kriterien haben eine Reihe von Zertifizierungsorganisationen in den letzten fünf Jahren soziale Punkte zu den Kriterienkatalogen hinzugefügt. Vereinzelt werden sogar neue Zertifizierungen ins Leben gerufen, die unter dem Motto CSR alle möglichen Bereiche zum Thema Nachhaltigkeit (Ökologie, Wirtschaft, Soziales) abdecken. Der Grund für den Trend zu sozialen Faktoren steckt auch in der Natur des Gastgewerbes, da es einen starken Einfluss im Bereich Soziales wahrnehmen kann. So werden in jedem Betrieb viele Mitarbeiter benötigt, die sich im Team ergänzen und unterstützen. Eine Vielzahl an sozialen Kontakten bestehen zudem durch direkten Kontakt mit Kunden und Lieferanten. Diese Situationen bieten viel Raum für Brennpunkte, aber auch Möglichkeiten für eine verstärkte nachhaltige Entwicklung.

BIOSPHERE RESPONSIBLE TOURISM

Das spanische Institut für nachhaltigen Tourismus bietet zusammen mit der UNESCO seit 1996 die Umweltzertifizierung Biosphere Responsible Tourism an. Die Zertifizierung wurde sowohl für Hotels als auch Golfplätze, Parks, Restaurants, Wohnhäuser, Campingplätze und Tourismusdestinationen entwickelt. Obwohl das Programm auf den spanischen Markt zielt, können auch deutsche Hotels ausgezeichnet werden. Insgesamt sind bisher 45 Hotels zertifiziert, die meisten aus Spanien. Das Hotel Meliá Düsseldorf ist derzeit das einzige zertifizierte Hotel in Deutschland, allerdings werden in den nächsten Monaten zwei weitere erwartet.

www.biospherehotels.org
HAUPTSTANDORT: Madrid, Spanien
STÄRKEN: Ausführlicher und anspruchsvoller Kriterienkatalog; hohe Bekanntheit im spanischem Raum
SCHWÄCHEN: Wenig internationale Präsenz und Vermarktung
LABEL-ONLINE BEWERTUNG: k. A.
GSTC-AKKREDITIERT: GSTC-Approved (2. Stufe)

CERTIFIED GREEN HOTEL

Das jüngste Umweltzeichen in der Auswahl wird seit Oktober 2011 von BTME Certified vergeben, die alle drei Hotelzertifizierungen vom Verband Deutsches Reisemanagement e.V. (VDR) verwaltet. Die Zertifizierung ist nur für Hotels, die Mitglied im VDR sind und schon mit einem der zwei weiteren Gütesiegel, Certified Conference Hotel oder Certified Business Hotel, ausgezeichnet sind. Da der VDR Deutschlands größtes Netzwerk für Travelmanager ist, hat die Zertifizierung sehr schnell an Bekanntheit in der Branche gewonnen. Seit der Einführung wurden 82 der insgesamt 321 Hotels mit den VDR Gütesiegeln als Certified Green Hotel ausgezeichnet. Unter den ausgezeichneten Hotels sind sowohl Individualhotels als auch Häuser der Hotelketten Adina, Mercure und Westin vertreten.

www.btme.de
HAUPTSTANDORT: Bad Kreuznach, Deutschland
STÄRKEN: Gute Vermarktung bei VDR-Mitgliedern
SCHWÄCHEN: Kein unabhängiger Prüfprozess; keine Vermarktung außerhalb von VDR (keine Endkunden) oder außerhalb von Deutschland
LABEL-ONLINE BEWERTUNG: k. A.
GSTC-AKKREDITIERT: Nein

Das Gräflicher Park Hotel & Spa in Bad Driburg ist btme-zertifiziert.

Das Hotel Königshof der Geisel Privathotels ist eine von mittlerweile sechs Unterkünften mit CSR-Siegel.

www.tourcert.org

HAUPTSTANDORT: Stuttgart, Deutschland

STÄRKEN: Ausführlicher Zertifizierungsprozess; beinhaltet EMAS Umweltmanagementsystem; ganzheitlicher Ansatz (CSR)

SCHWÄCHEN: Junge Zertifizierung mit mäßiger Bekanntheit; Zertifizierung für Hotels noch nicht etabliert

LABEL-ONLINE BEWERTUNG: Empfehlenswert

GSTC-AKKREDITIERT: GSTC-Recognized (1. Stufe)

CSR TOURISM CERTIFIED

Die gemeinnützige Zertifizierungsgesellschaft TourCert aus Stuttgart wurde von kate e. V. Umwelt & Entwicklung, dem evangelischen Entwicklungsdienst Tourism Watch, der Hochschule für nachhaltige Entwicklung Eberswalde und der Naturfreunde Internationale im Jahre 2009 gegründet, um Reiseveranstalter für Nachhaltigkeit und Unternehmensverantwortung gegenüber Umwelt und Gesellschaft auszuzeichnen. TourCert setzt bei der Auswahl des Zertifizierungsrates auf Vertreter von verschiedenen Universitäten (Eberswalde, Bern und Wien), Umweltorganisationen (WWF, Tourism-watch) und einer Unternehmensberatung (Futour). Das Forum **anders Reisen e. V.**, ein Zusammenschluss aus nachhaltigen Reiseveranstaltern, unterstützt die Entwicklung des

CSR-Prozesses und fordert seit 2011 von allen Mitgliedern das TourCert CSR-Siegel. Als erstes ganzheitliches CSR-Managementsystem im deutschen Tourismus zielt es darauf ab, die Bereiche Umwelt, Wirtschaft und Soziales als Verantwortungsbereiche im Unternehmen zu stärken. Aufgrund des Erfolgs der CSR-Zertifizierung für Reiseveranstalter hat TourCert, in Kooperation mit verschiedenen Partnern, ein CSR-Programm für Reisebüros sowie für Hotels gestartet. Die Pilotphase mit Reisebüros wurde im März 2012 abgeschlossen, die Pilotphase mit Hotels im März 2013. Derzeit sind die drei Münchner Hotels von Geisel Privathotels die einzigen Unterkünfte mit dem CSR-Siegel.

EARTHCHECK

Da Australien bekannt ist für eine große Anzahl an Umweltschutzorganisationen, ist es nicht überraschend, dass eine der am weitesten verbreiteten Umweltzertifizierungen im Tourismus, EarthCheck, aus Queensland kommt. Auf Basis der Agenda 21 wurde die EarthCheck Wissenschaft von dem weltweit größten Tourismus-Forschungszentrum, dem Sustainable Tourism Cooperative Research Centre (STCRC) zusammen mit der Beratungsgesellschaft EC3 entwickelt. Da EC3 im Jahr 1999 eine Zertifizierungslizenz von Green Globe erwarb, wurden Unternehmen im Tourismus mit dem Zertifikat Green Globe, EarthCheck Science inside ausgezeichnet. Im Jahr 2008 haben sich die Kooperationspartner Green Globe und EC3 getrennt, sodass die Green Globe Lizenz nur auf Asien und Pazifik beschränkt ist und in den anderen Ländern das reine EarthCheck Logo vergeben wird. Da STCRC im Juni 2010 eingestellt wurde, wird EarthCheck nun alleine durch EC3 Global verliehen.

EC3 bietet die Zertifizierung für über 30 Tourismussparten an, z. B. Flughäfen, Kreuzfahrtschiffe oder Restaurants. Die Mehrheit der zertifizierten Betriebe sind jedoch Hotels. Mit über 900 zertifizierten Beherbergungsbetrieben kann die Zertifizierung EarthCheck auf das Vertrauen von Hotelketten wie der InterContinental Hotels Group oder Taj Hotels zählen. Zusätzlich gibt es eine Partnerschaft mit der Hotelkooperation Design Hotels, die zu einer großen Anzahl an zertifizierten Hotels aus Deutschland führen wird.

www.earthcheck.org
HAUPTSTANDORT: Queensland, Australien
STÄRKEN: Gute internationale Vermarktung; Mitglieder in vielen Tourismusbereichen; ausführliche Benchmark-Datenbank; beinhaltet Umweltmanagementsystem
SCHWÄCHEN: Keine verbindlichen Kriterien für die Prüfung
LABEL-ONLINE BEWERTUNG: k. A.
GSTC-AKKREDITIERT: GSTC-Recognized (1. Stufe)

GREEN GLOBE

Der direkte Mitbewerber für das Umweltzeichen EarthCheck ist Green Globe, das seit 1992 durch das Unternehmen Green Globe Certification an verschiedene Tourismusunternehmen vergeben wird. Als die zweitälteste Umweltzertifizierung in der Auswahl wurde es vom World Travel and Tourism Council zusammen mit der International Hotel & Restaurant Association auf Grundlage der Agenda 21 entwickelt. Seit 2008 gehört die Green Globe Zertifizierung der Amerikanischen Beteiligungsgesellschaft Green Globe International, Inc., die die Programme und Beratungsleistungen auf über 12 Tourismussparten ausgeweitet hat. Da sechs Jahre nach dem Start von Green Globe schon 500 Unternehmen ausgezeichnet waren, wurde im Rahmen von mehreren UN-Versammlungen darüber

WIR TRAGEN AUCH SORGE FÜR
UNSERE ZULIEFERER – DER FAIRTRADE-KAFFEE

Das gute Gewissen und die Überzeugung, mit jeder getrunkenen Tasse Kaffee Kleinbauern und Plantagenarbeitern in Südamerika das Leben leichter zu machen, macht's möglich: Der Verkauf von Fairtrade-Kaffee in Hotels und Restaurants steigt in Deutschland, Österreich und der Schweiz an. MÖVENPICK HOTELS & RESORTS hat sich beispielsweise als Ziel gesetzt, für alle Betriebe das Nachhaltigkeitszertifikat Green Globe ins Haus zu holen. Auf Kärtchen an Kaffeeautomaten in Konferenzräumen wird erklärt, warum der verwendete »Café Corazón« »biologisch, fair, ausgewogen« ist. Die Bohnen stammen vom Hamburger Kaffeespezialisten Albert Darboven. Sein Engagement ist nicht zufällig. In El Salvador hatte er Kontakt mit den Bauern, lernte ihre Gastfreundschaft und ihre Probleme kennen. Nachdem er Dieter Overath, den Geschäftsführer des 1992 in Köln gegründeten Vereins Transfair kennenlernte, war Darboven »mit innerer Überzeugung bei der Sache«.

www.ahgz.de/konzepte-und-management/fairtrade-ist-im-kommen, 200012208862.html (Einsehdatum 05.02.2014)

nachgedacht, Green Globe als das weltweit anerkannte Umweltzeichen im Tourismus vorzuschlagen. Jedoch scheiterten die Versuche, da verschiedene Umweltschutzorganisationen die fehlenden Leistungskriterien und die niedrigen Mindeststandards kritisierten. (Sanabria 2002, S. 338)

Heute bietet Green Globe Zertifizierungen, Training und Beratungsleistungen in 83 Ländern an. Weltweit sind über 300 Hotels zertifiziert, darunter Mövenpick Hotels, InterContinental, Jumairah wie auch Ritz Carlton Hotels. In Deutschland gibt es bisher nur 22 zertifizierte Hotels. Zusätzlich sind 32 deutsche Messegesellschaften, acht deutsche Kreuzfahrtschiffe und neun weitere deutsche Unternehmen im Tourismus ausgezeichnet.

www.greenglobe.com
HAUPTSTANDORT: Los Angeles, USA
STÄRKEN: Bekannteste Zertifizierung für die Hotellerie; professionelle internationale Vermarktung; beinhaltet Umweltmanagementsystem
SCHWÄCHEN: Keine Mindeststandards oder Leistungskriterien, wird von Umweltverbänden kritisiert
LABEL-ONLINE BEWERTUNG: k. A.
GSTC-AKKREDITIERT: GSTC-Recognized (1. Stufe)

SUSTAINABLE TOURISM ECO-CERTIFICATION PROGRAM™ (STEP & LECS)

Eine weitere internationale Umweltzertifizierung, 2007 in den USA entwickelt, wird im Gegensatz zu EarthCheck und Green Globe von einer gemeinnützigen Organisation vergeben. Im Vorstand von Sustainable Travel International (STI) befinden sich 16 Vertreter von renommierten Universitäten, Umweltorganisationen und Tourismusfirmen. Da STI einen internationalen Fokus hat, gibt es Vertreter in Costa Rica, England, Malaysia, Taiwan,

Brasilien und den USA. Das Sustainable Tourism Eco-Certification Program™ (STEP) wird mit vier möglichen Auszeichnungen (Bronze, Gold, Silver, Platinum) an Hotels, Attraktionen, Reiseveranstalter und Transportanbieter verliehen. Bisher wurden 24 Hotels ausgezeichnet, darunter Hotelmarken wie Hyatt und Westin. Zusätzlich wurden 17 Reiseveranstalter und 4 weitere Tourismusunternehmen ausgezeichnet. Obwohl bisher noch kein deutsches Hotel vertreten ist, befinden sich zwei in der Prüfphase.

Um dem Trend zu ökologischem Bewusstsein gerecht zu werden, trat The Leading Hotels of the World (LHW) an STI heran, um ein Umwelt-Programm zu entwerfen, welches speziell auf die Ansprüche und Gegebenheiten von Luxushotels eingeht. Daraus entwickelte STI 2009 die Zertifizierung STEP: Luxury Eco-Certification Standard, welche seitdem als bevorzugte Umweltzertifizierung bei LHW gilt. Bisher haben sechs LHW Hotels die Prüfphase erfolgreich abgeschlossen.

www.sustainabletravel.org
HAUPTSTANDORT: White Salmon, USA
STÄRKEN: Ausführlicher Kriterienkatalog; internationale Präsenz durch Kooperation mit LHW; beinhaltet Umweltmanagementsystem
SCHWÄCHEN: Unterschiedliche Qualitätsansprüche in vier Kategorien (Bronze, Silver, Gold, Platinum)
LABEL-ONLINE BEWERTUNG: k. A.
GSTC-AKKREDITIERT: GSTC-Recognized (1. Stufe)

www.travelife.org
HAUPTSTANDORT: London, England
STÄRKEN: Vermarktung durch bekannte Reiseveranstalter;
ausführlicher Kriterienkatalog
SCHWÄCHEN: Mäßiges Prüfverfahren mit wenigen
Mindeststandards; wenig Vermarktung außerhalb der
Reiseveranstalter
LABEL-ONLINE BEWERTUNG:
Eingeschränkt empfehlenswert
GSTC-AKKREDITIERT: GSTC-Recognized (1. Stufe)

TRAVELIFE

Seit 2006 wird die Zertifizierung durch den Anbieter Travelife, der eine Tochtergesellschaft des führenden englischen Verbands der Reiseindustrie ABTA ist, in Kooperation mit Reiseveranstaltern wie TUI, Thomas Cook und Kuoni angeboten. Die Zusammenarbeit mit den Reiseveranstaltern führt dazu, dass die Zertifizierung in den Reisekatalogen der Kooperationspartner aufgeführt wird und daher in ganz Europa präsent ist. Bisher sind über 500 Hotels weltweit zertifiziert, darunter Hotelmarken wie SENTIDO, Atlantic Hotels oder Locus. In Deutschland gibt es bisher nur 11 Hotels mit der Auszeichnung Travelife. Zusätzlich haben sich über 30 Reiseveranstalter und Reisebüros auszeichnen lassen.

FRAGEN ALS UMSETZUNGSUNTERSTÜTZUNG ZUM THEMA

»NACHHALTIGE SYSTEME UND ZERTIFIZIERUNGEN«

ZENTRALE FRAGEN FÜR EINE ERFOLGREICHE UMSETZUNG	FÜR MEINEN BETRIEB NICHT RELEVANT, GEDANKE WIRD NICHT WEITER VERFOLGT.	RELEVANT, DER FRAGE WURDE BEREITS IM EIGENEN BETRIEB NACHGEGANGEN.	RELEVANT, DER FRAGE WIRD IM EIGENEN BETRIEB NACHGEGANGEN.
Haben Sie sich mit dem Nutzen von Umweltzeichen beispielsweise als Marketinginstrument (für die Gewinnung von Gästen und Fachkräften) auseinandergesetzt?			
Haben Sie sich die Frage gestellt, ob für Ihr Unternehmen eher eine regionale oder internationale Umweltzertifizierung in Betracht kommt?			
Kommen drei der vorgestellten Zertifikate für Sie in Betracht? Haben Sie eine Stärken-Schwächen-Analyse diesbezüglich durchgeführt?			
Haben Sie sich in Ihrem Unternehmen schon mit den sieben Themen der ISO 26000 auseinandergesetzt?			
Können Sie aus den Sachverhalten der aufgeführten Praxisbeispiele etwas gewinnen?			

Nachl

igkeitsmanagement

7
Einführung eines nachhaltigen Managements

Jeder gastgewerbliche Betrieb besitzt bewusst oder unbewusst ein mehr oder weniger ganzheitliches Managementsystem, um seine Ziele in unterschiedlichen Richtungen (Mitarbeiter, Gäste, Prozesse, Finanzen etc.) zu erreichen. Ein nachhaltiges Managementsystem hilft, einen Nachhaltigkeitsprozess innerhalb des bestehenden Systems zu integrieren. Dieser Einführungsprozess muss professionell durchgeführt werden.

EXTERNE BERATUNG

Wenn sich Gastgeber für die Einführung eines nachhaltigen Managementprozesses entschieden haben, stellt sich oft die Frage, ob auf externe Unterstützung zurückgegriffen werden soll oder der Prozess ohne Hilfe durchgeführt wird. Es gibt Erfolgsgeschichten von nachhaltigen Betrieben, die sowohl mit als auch ohne externe Berater den Einführungsprozess durchlaufen haben. Dennoch entscheiden sich die meisten Betriebe für einen externen Berater, und dies aus guten Gründen. Gerade bei dem Abwägen der Vor- und Nachteile ist ersichtlich, dass die Wahrscheinlichkeit einer erfolgreichen Durchführung mit Hilfe eines externen Beraters größer ist.

Der offensichtlichste Grund für die Wahl externer Unterstützung ist der Wissenstransfer, der bei dem Prozess benötigt wird. Bei der Wahl eines geeigneten Beraters ist darauf zu achten, dass die Person den Veränderungsprozess bereits mit ähnlichen Betrieben durchgeführt hat. Berater können dadurch auf einen hohen Erfahrungswert setzen, der den gastgewerblichen Betrieben bei der Einführung zu Gute kommt. Wenn Berater Benchmarks mit anderen Betrieben einbringen können, hilft dies sowohl bei der Kommunikation mit Teilnehmern als auch bei Verbesserungsvorschlägen (»Best Practices«). Berater haben in der Regel auch ein großes Wissen zum Thema Nachhaltigkeit, das bei dem Einführungsprozess sehr hilfreich sein kann. Schon bei dem Thema gesetzliche Standards im Bereich Mitarbeitersicherheit können externe Berater Gefahrenstellen schnell aufdecken und zur Lösung beitragen.

Ein weiterer Grund für die Vorteile externer Unterstützung liegt in der Mitarbeitermotivation. Nachhaltige Prozesse bedingen Änderungen in verschiedenen Unternehmensbereichen. Ein externer Berater kann Mitarbeiter viel offener auf ihre notwendigen Verhaltensänderungen aufmerksam machen, da er sich nicht um sein Ansehen bei den Mitarbeitern kümmern muss, sondern sein Erfolg im Gelingen des Einführungsprozesses liegt und sein Wirken mit der Einführung im Betrieb endet.

Einer der am häufigsten vorgebrachten Gründe gegen externe Berater sind die hohen Kosten, die auf den Betrieb zukommen. Aufgrund verschiedener Voraussetzungen und Gegebenheiten fallen die Beratungskosten sehr

unterschiedlich aus. Eine grobe Berechnung ist, dass beispielsweise ein Hotel mit 50 Betten für die Einführung ca. drei bis vier Beratertage benötigt und der Tagessatz mit Vorbereitung zwischen 600,– € und 1.450,– € liegt. Zudem können jährliche Mitgliedsgebühren für Systeme und Software hinzukommen.

Eine nicht zu unterschätzende Gefahr ist, dass vorgeschlagene Veränderungen oder Lösungen in dem bestehenden Managementsystem nicht umsetzbar sind. Berater haben wenig Insiderwissen und kennen die Unternehmensphilosophie nicht. Daher ist es wichtig, dass sich der Berater ausführlich mit der Organisation und den Entscheidungsträgern auseinandersetzt. Gastgeber können durch Vorgespräche und eine Präsentation über das Unternehmen helfen, den Berater über das Unternehmen und die Gegebenheiten zu informieren.

VORBEREITUNGEN, DAS A UND O!

Am Anfang jedes Projekts steht eine ausführliche Projektplanungsphase. Je größer die Veränderung für den gastgewerblichen Betrieb sein wird, desto länger wird der Einführungsprozess dauern. In der Regel wird vom externen Berater ein Zeitplan nach eingehender Studie des Betriebs vorgeschlagen und mit dem Management besprochen. Die Einführungsphase liegt bei vielen Einführungsprojekten zwischen sechs und zwölf Monaten, da weniger als sechs Monate zu kurz sind, den Prozess sorgfältig und nachhaltig durchzuführen; mehr als zwölf Monate können dazu führen, dass das Thema und die Aktivitäten schnell in den Hintergrund geraten oder nicht ernst genommen werden.

Neben dem Zeitplan ist es wichtig, sich genaue Ziele für den Einführungsprozess zu setzen. Ist nach der Einführung eine Zertifizierung angedacht? Soll der Einführungsprozess am Ende an weiteren Standorten durchgeführt werden?

Die Umsetzung des Prozesses bedingt die aktive und passive Unterstützung des ganzen Betriebs. Um zu verhindern, dass das Thema im Laufe des Geschäftsjahres in Vergessenheit gerät, wird eine Person im Unternehmen zum Nachhaltigkeitsmanager ernannt. Diese Verantwortung sollte nicht weniger als 30 Prozent Arbeitsaufwand einer Vollzeitstelle betragen, zudem sollte die Position entweder direkt im Management angesiedelt werden oder als Stabsstelle direkt an das Management Bericht erstatten.

Neben dem Nachhaltigkeitsmanager wird eine selektive Auswahl an Mitarbeitern benötigt, die die Kommunikator- und Motivatorrolle für ihre jeweilige Abteilung wahrnehmen. Es ist zu empfehlen, dass das Nachhaltigkeitsteam aus Mitarbeitern verschiedener Hierarchiestufen besteht. Dies zeigt nicht nur die Wertschätzung für den ganzen Betrieb, sondern ermöglicht Mitarbeitern der ersten Stufen, ihre speziellen Sichtweisen und Erfahrungen einzubringen. Erfahrungen mit anderen Einführungsprozessen haben gezeigt, dass der Einführungsprozess besser und schneller durchgeführt werden kann, wenn eine gute Auswahl an beliebten Meinungsträgern im Betrieb den Prozess mitgestaltet und mitträgt.

BESTANDSAUFNAHME – ERKENNE DICH SELBST!

Die vielzitierte griechische Inschrift »Erkenne dich selbst!« weist darauf hin, dass am Anfang jeder Aktivität eine Selbsteinschätzung stehen sollte. Daher beginnt jeder Einführungsprozess mit der Bestandsaufnahme von bestehenden Räumen, Verbrauchskennzahlen, Prozessen und Einschätzungen.

Ein gutes interaktives Werkzeug, um über die Leistungsbereiche eines gastgewerblichen Betriebs einen Überblick zu erhalten und Problemfelder aufzudecken, ist die Umweltbegehung (»Ecomapping«). Das Nachhaltigkeitsteam wird in Gruppen mit jeweils sechs bis sieben Personen eingeteilt, und jeder Teilnehmer erhält Kopien von den Grundrissen der zu untersuchenden Räume. Zudem erhält jeder Teilnehmer einen der sechs zu untersuchenden Umweltaspekte (Müll, Aufbewahrung, Energie, Emissionen, Arbeitssicherheit, Wasser/Abwasser) sowie eine Checkliste mit möglichen Gefahren. Das Team begeht nun alle Räume anhand der Grundrisse und vermerkt in den Grundrissen Auffälligkeiten mit Symbolen und Kommentaren. Am Ende der Begehung werden die Auffälligkeiten in der Gruppe besprochen und in einer Datenbank aufgenommen. Sollten schwerwiegende Gefahrenbereiche zum Vorschein kommen, so sollten diese sofort gemeldet und behoben werden. Die restlichen Punkte werden mit einer Prioritätsskala bewertet und für den Verbesserungsplan gesichert. Die Umweltbegehung verfolgt zwei Ziele: Zum einen bekommt das Nachhaltigkeitsteam einen ausführlichen Überblick über alle Räume und Bereiche des Betriebs, zum anderen werden Aspekte untersucht, die bei den täglichen Begehungen selten zum Vorschein kommen oder nicht genügend nachgeprüft werden.

Der nächste Teil der Bestandsaufnahme ist die Sammlung und Auswertung von Verbrauchskennzahlen. In den Bereichen Energie, Materialeffizienz, Wasser, Müll, Emissionen und Biodiversität werden Kennzahlen ermittelt, die die Effizienz des Hotels überwachen können. Die Kennzahlen, z. B. der durchschnittliche Anfall von Restmüll pro Mitarbeiter, können mit anderen Betrieben verglichen werden, um einen Benchmark aufzustellen. Die Kennzahlen können zudem auf der Webseite oder in Broschüren an Gäste kommuniziert werden, um auf die Notwendigkeit von Sparmaßnahmen hinzuweisen. Neben den quantitativen Kennzahlen sollten auch qualitative Informationen anhand von Mitarbeiterbefragungen gesammelt werden; beispielsweise können die Abteilungsleiter ihre Abteilung in Bezug auf das Thema Nachhaltigkeit befragen. Zudem ist es von großer Bedeutung, dass eine unternehmensweite Mitarbeiterbefragung durchgeführt wird, die die Mitarbeiterzufriedenheit misst sowie Einschätzungen zu den bestehenden Nachhaltigkeitsbemühungen oder Verbesserungsvorschläge aufnimmt. Ähnlich wie bei den quantitativen Kennzahlen müssen die Befragungen regelmäßig durchgeführt werden, sodass Vergleichswerte geschaffen werden.

Die Datensammlung kann mit einem regulären Tabellenprogramm im Betrieb festgehalten werden. Online-Lösungen wie Avanti GreenSoftware bieten jedoch den Vorteil, dass die Daten online jederzeit zur Verfügung stehen und automatisch Statistiken und Grafiken erzeugt werden können, die vor allem bei der Berichterstattung sehr hilfreich sind. Zudem können verschiedene Lese- und Schreibzugänge eingerichtet werden, die eine dezentrale Datensammlung ermöglichen. Auch die Mitarbeiterbefragungen sowie ein Verbesserungsvorschlagswesen können direkt in dem Online-Tool abgebildet und eingespeist werden. Somit fungiert das Nachhaltigkeitsportal als »Cockpit« und bietet die Möglichkeit, alle Kernindikatoren zu überwachen.

Trotz unterschiedlicher Gegebenheiten können Vergleiche mit anderen Betrieben helfen, Stärken und Schwächen des eigenen Umweltmanagements aufzuzeigen. Ähnlich wie der Vergleich von Hotelraten dem Revenue Manager Weitsicht im Bereich Zimmerpreise gibt, ermöglicht ein Nachhaltigkeitsbenchmarking dem Nachhaltigkeitsmanager, die bestehenden Verbrauchskennzahlen besser einzuschätzen. Ein gutes Beispiel für ein ausführliches Benchmarkingsystem in der Hotellerie bietet die Zertifizierung EarthCheck. In der

eigens entwickelten Online-Software steht jedem Mitglied ein interaktives Benchmarksystem zur Verfügung, das die bestehenden Verbrauchskennzahlen mit denen anderer zertifizierter Betriebe mit ähnlichen Gegebenheiten in Echtzeit vergleicht. Sollten die Werte über dem Durchschnitt liegen, werden Verbesserungsvorschläge empfohlen, die in anderen Betrieben Erfolg gezeigt haben.

ZIELE DEFINIEREN – NUR DANN KOMMT MAN AUCH AN!

Nachdem der Ist-Zustand ausreichend dokumentiert und analysiert wurde, geht es im zweiten Teil darum, Ziele und Aktivitäten zu definieren, die helfen, den Betrieb in Richtung Nachhaltigkeit zu bewegen. Ein nachhaltiges Managementsystem strebt nicht nach einem bestimmten Standard, sondern versucht, einen kontinuierlichen Verbesserungsprozess zu initiieren. Durchaus gibt es offensichtliche Standards, die es zu erfüllen gilt, z. B. Mülltrennung, jedoch werden dem Betrieb keine konkreten Ziele vorab vorgegeben, die es zu erfüllen gilt. Dies sollte als Vorteil gewertet werden, da die örtlichen Rahmenbedingungen für jedes Hotel unterschiedlich sein können. Auch würden Betriebe, die die Ziele erfüllt haben, wenig Anreiz haben, sich weiter zu verbessern. Da jedes gastgewerbliche Unternehmen individuelle Voraussetzungen und Bedürfnisse hat, muss jedes einen individuellen Zielfindungsprozess durchlaufen. Es muss sichergestellt werden, dass die Ziele sowohl realistisch als auch anspruchsvoll für das jeweilige Haus sind. Der folgende Prozess wurde von verschiedenen Beratungsfirmen entworfen und hat sich durch viele Einführungsprozesse bewährt.

Im ersten Workshop mit dem Nachhaltigkeitsteam sowie Nachhaltigkeitsmanager werden alle Unternehmensprozesse auf einer

Pinnwand zusammengetragen. Selten sind sich Mitarbeiter über alle Prozesse im Klaren, die zum Betrieb gehören. Offensichtliche Prozesse wie Housekeeping und Küche sowie weniger präsente Prozesse wie Einkauf, IT oder Buchhaltung werden visuell dargestellt. Als nächsten Schritt erarbeiten die Teilnehmer zu jedem Prozess bestehende Unternehmenstätigkeiten, die relevant für das Thema Nachhaltigkeit sind und auf einen Umweltaspekt Einfluss nehmen. Sowohl die Tätigkeiten als auch die Umweltaspekte werden in einer Tabelle aufgezeichnet. Ein Beispiel wäre die Verwendung von Reinigungsmitteln als Tätigkeit im Prozess Housekeeping mit dem Umweltaspekt Schadstoffe. Ein weiteres Beispiel sind Geschäftsreisen als Aktivitäten im Prozess Verkauf mit dem Umweltaspekt CO_2. Je effizienter und kreativer das Nachhaltigkeitsteam zusammenarbeitet, desto mehr Aktivitäten mit Umweltaspekten können in einer Tabelle notiert werden. Dieser Arbeitsabschnitt dauert in der Regel mehrere Stunden und kann, wenn notwendig, auf zwei Workshops verteilt werden.

Da jeder Betrieb eine begrenzte Anzahl an Ressourcen hat, müssen die Aktivitäten herausgefiltert werden, die den größten Effekt für das Nachhaltigkeitsmanagement bieten. Ein gutes Werkzeug hierfür ist die FLIPO-Methode. Anhand der Kriterien Flow (Menge, Häufigkeit der Aktivität), Legislation (Rechtliche Relevanz, Vorschriften), Impacts (Stärke der Auswirkung), Practices (Angemessenheit, Stand der Technik) und Opinion (Einschätzung der Mitarbeiter) werden die Tätigkeiten mit einer dreistufigen Skala gewertet. Da die Kriterien Legislation und Impacts eine größere Rolle spielen, werden sie doppelt gewertet. Schließlich werden die Punkte zusammengezählt und mit dem Aspekt Beeinflussbarkeit und den Graden 1 Prozent, 50 Prozent oder 100 Prozent multipliziert. Dies sichert, dass die Tätigkeiten nicht nur relevant, sondern auch realisierbar sind. Anhand der Endsummen werden die

Tätigkeiten absteigend geordnet. Es liegt nun in der Hand des Nachhaltigkeitsmanagers, zu entscheiden, wie viele der am stärksten gewerteten Tätigkeiten für den nächsten Schritt ausgewählt werden. Jedoch ist zu empfehlen, dass nicht mehr als zehn Tätigkeiten in die Auswahl kommen.

Als Nächstes werden in einer neuen Tabelle zu jeder gewählten Tätigkeit mehrere Vorschläge für Verbesserungen und Ziele gesammelt. Bei der Tätigkeit Verwendung von Reinigungsmitteln könnte unter anderem eines der Ziele lauten, dass die Verwendung von Reinigungsmitteln durch Streckung der Flüssigkeit um 10 Prozent gesenkt wird. Ein weiteres mögliches Ziel wäre, die Reinigungsmittel auf ihre Inhaltsstoffe zu überprüfen und wenn möglich durch schadstoffärmere Mittel zu ersetzen. Die Ziele sollten spezifisch, messbar, realistisch und terminiert sein sowie einem Verantwortlichen zugewiesen werden (SMART-Kriterien). Sollte das Nachhaltigkeitsteam bei Workshops eine große Anzahl an Zielen und Aufgaben für die jeweiligen Tätigkeiten gesammelt haben, empfiehlt es sich, diese noch einmal anhand von Themen wie Umsetzbarkeit, Kosten, Einfluss auf interne Prozesse, Mitarbeiterbefinden, öffentliches Interesse und Nutzen für die Umwelt zu priorisieren. Dies kann ähnlich wie bei der Wertung der Tätigkeiten anhand einer Punkteskala durchgeführt werden.

Am Ende des Zielfindungsprozesses werden die 10 bis 20 Top-Ziele von dem Nachhaltigkeitsteam in einer Liste zusammengefasst und nach Rücksprache mit der Unternehmensleitung offiziell verabschiedet. Es ist wichtig, dass die Ziele im Betrieb transparent kommuniziert werden, sodass sich alle Abteilungen über deren Bedeutung bewusst sind.

ZIELE UMSETZEN –
DIE EIGENTLICHE ARBEIT!

Nachdem die Ziele und Verbesserungsvorschläge feststehen, geht es darum, das Programm umzusetzen. Wie bereits erwähnt, ist es wichtig, dass die Verantwortung für den Erfolg der Ziele und Verbesserungsmaßnahmen an verschiedene Mitarbeiter im Betrieb aufgeteilt wird. So werden z. B. die Hausdamen mit dem Ziel beauftragt, die Menge der verwendeten Reinigungsmittel im Hotel zu verringern. Wurde jedem Ziel zusätzlich eine Frist gegeben, kann sich der Nachhaltigkeitsmanager in regelmäßigen Abständen nach dem Stand der Dinge in den einzelnen Abteilungen erkundigen. Die Rolle des Nachhaltigkeitsmanagers sollte daher eher als Kontroll- und Koordinationsfunktion gesehen werden. Eine dezentrale Umsetzung der Ziele stellt sicher, dass die Verbesserungen im ganzen Haus eingeführt werden und der Veränderungsprozess organisch sowie langfristig ausgerichtet ist.

Die größte Aufgabe bei der Einführung eines Nachhaltigkeitsprozesses besteht darin, die Mitarbeiter für den Nachhaltigkeitsprozess zu motivieren. Es soll vermieden werden, dass die Nachhaltigkeitsziele nur als weitere lästige Vorschriften gesehen werden, die »von oben verabschiedet« wurden. Die Verbesserungsziele müssen von so vielen Mitarbeitern wie möglich getragen werden und als Chance für das Unternehmen, die Mitarbeiter, die Umwelt und die Gesellschaft gesehen werden.

Um den Umsetzungsprozess so dezentral wie möglich zu gestalten, bedarf es der Übertragung von Verantwortung auf verschiedene Unternehmensstufen. Das Thema »Empowerment« sollte vom Nachhaltigkeitsteam über das Management in alle Abteilungen getragen werden. Gerade wenn das Nachhaltigkeitsteam aus verschiedenen Hierarchiestufen und Abteilungen besteht und alle Teilnehmer wichtige Aufgaben im Nachhaltigkeitsmanagement erhalten, zeigt dies den Mitarbeitern im Betrieb, dass der Veränderungsprozess Teil »ihres« Unternehmens ist. Es ist daher jedoch umso wichtiger, dass sich alle Mitglieder im Nachhaltigkeitsteam mit dem Thema identifizieren und eine positive Einstellung zu dem Einführungsprozess entwickeln. Um diese Einstellung zu kultivieren, muss sichergestellt werden, dass sich alle Teilnehmer bei den Workshops einbezogen fühlen. Projekte wie die Umweltbegehungen, bei denen jeder Teilnehmer eine individuelle Aufgabe hat, helfen, dass sich alle Teilnehmer einbezogen fühlen und sich ihrer Aufgabe und Verantwortung bewusst sind. Diese Philosophie sollte sich dementsprechend bewusst durch die verschiedenen Workshops ziehen. Bedauerlicherweise fällt vielen Gastgebern die Bevollmächtigung von Unternehmensentscheidungen an den einfachen Mitarbeiter schwer, da sehr oft noch ein starkes Hierarchiedenken vorherrscht. Wenn es gelingt, diese Denkweise zu überwinden und den Mitarbeitern bei diesem Thema ein Gefühl von Teilhabe und Verantwortung zu vermitteln, ist die Wahrscheinlichkeit viel größer, dass der Einführungsprozess erfolgreich verläuft.

Eine weitere Empfehlung für den Einführungsprozess kann durch das folgende kurze Zitat zusammengefasst werden: »Wenn du ein Schiff bauen willst, dann trommle nicht Männer zusammen, um Holz zu beschaffen, Aufgaben zu vergeben und die Arbeit einzuteilen, sondern lehre die Männer die Sehnsucht nach dem weiten, endlosen Meer« (Antoine de Saint-Exupéry). Die Botschaft, die bei den Einführungsworkshops nicht fehlen darf, ist, den Wert und das Ziel der Bemühungen an die Teilnehmer zu kommunizieren. Die Sehnsucht nach dem weiten, endlosen Meer für das Thema Nachhaltigkeit ist die Sehnsucht nach einer Welt und Gesellschaft, die für weitere

Generationen besteht und das Leben lebenswert macht. Wenn es gelingt, bei den Teilnehmern diese Sehnsucht zu wecken, sind eine hohe Motivation und Eifer garantiert.

DAS BERICHTSWESEN ALS INFORMANT

Das Berichtswesen innerhalb des Nachhaltigkeitsmanagements hat die Aufgabe, die internen sowie externen Interessenvertreter über die Ziele, Aktivitäten sowie Ergebnisse zu informieren. Je nach gewählter Form können verschiedene Zielgruppen regelmäßig angesprochen und zu dem Thema sensibilisiert oder sogar zur Mitarbeit motiviert werden. Zwei der am meisten verbreiteten Formen sind der Nachhaltigkeitsbericht und die Betriebszeitung.

Der Nachhaltigkeitsbericht ist ein übliches Mittel, um Mitarbeiter und Gäste über die Bemühungen zu informieren. Die meisten Nachhaltigkeitszertifizierungen sehen ihn sogar als Teil der Unternehmensprüfung. Ein ausführlicher Bericht sollte folgende Themen aufgreifen: Unternehmensporträt, Leitbild, Unternehmensdaten, Wirtschaftsdaten, Umweltdaten, Zufriedenheit der Gäste und Mitarbeiter, Beschäftigungsstruktur und Personalentwicklung, Beschaffungsrichtlinien, gesellschaftlicher Einfluss, Verbesserungsplan. Der Bericht ist eine Zusammenfassung der Unternehmensdaten, der Bestandsaufnahme sowie der Nachhaltigkeitsziele. Neben den Daten und Statistiken hat der Nachhaltigkeitsmanager die Möglichkeit, die Nachhaltigkeitsbemühungen zu kommentieren und für den Leser greifbar zu machen. Je nachdem, wie professionell und aufwendig der Bericht gestaltet wird, kann das Hotel den Bericht auf den Zimmern auslegen sowie auf der Webseite einstellen.

Ein zweites weit verbreitetes Medium für die interne oder externe Berichterstattung sind Betriebszeitungen, Email-Newsletter oder Gästezeitungen. Alle drei Medien haben den Vorteil, dass Mitarbeiter und auch Gäste regelmäßig zu dem Thema informiert und motiviert werden. Ein regelmäßiger Bericht über die laufenden Aktionen zeigt den Abteilungen, dass ihre Bemühungen gesehen und geschätzt werden. Gerade wenn unterschiedliche Abteilungen regelmäßig von ihren Erfolgen und Plänen berichten, kann dies andere Abteilungen zusätzlich ermutigen.

Die schwedische Hotelkette Scandic bietet auf ihrer Webseite ein modernes Berichtswesen an. Mit dem »Sustainability Live Report« kann jeder Interessent die durchschnittlichen monatlichen Verbrauchszahlen von Strom, Müll, Wasser und CO_2-Emissionen jeweiliger Hotelstandorte (pro Land) einsehen. So zeigt Scandic z. B., dass ein Hotelgast in Berlin und Hamburg pro Übernachtung im Januar 2014 im Durchschnitt 45,47 kWh an Strom verbraucht hat und dass jeweils 0,31 kg an Restmüll angefallen sind. Zur Verdeutlichung dieser guten Werte werden die bestehenden Zahlen mit den Mindeststandards der Umweltzertifizierung »The Nordic Swan« verglichen. Scandic vermittelt hierdurch großes Vertrauen, da es den Gästen transparent aufzeigt, dass selbst im Vergleich zu den hohen Umweltstandards der Zertifizierung in allen Bereichen niedrige Verbrauchswerte erzielt werden. Eine weitere Statistik gibt Einblicke in die Verbrauchszahlen und zeigt, welche Menge durch Verbesserungsmaßnahmen seit 1996 eingespart wurde und wie viel jeder Gast bei zukünftigen Übernachtungen einsparen kann. Das Online-Werkzeug bietet ausführliche Vergleichsmöglichkeiten, zeigt jedem Interessenten, wie intensiv sich Scandic für das Thema Nachhaltigkeit engagiert und wie greifbar die Einsparungen für den Gast sein können. Im Zeitalter der digitalen Wissensbeschaffung ist dieses Modell sehr empfehlenswert. Wenn die

Möglichkeit ausgeschöpft wird, die Webseite direkt mit der internen Nachhaltigkeitssoftware zu verknüpfen, können die Daten ohne weiteren Verwaltungsaufwand und ohne Verzögerung online dargestellt werden. Einmalig eingestellt, kommuniziert dieses Werkzeug alle notwendigen Daten kontinuierlich und ohne großen Kostenaufwand an alle internen und externen Interessenvertreter.

INTERNE UND EXTERNE AUDITS – MAN WIRD ERHÖRT!

Der letzte Baustein bei der Einführung eines Nachhaltigkeitsmanagements ist das Audit, das die eingeführten Bemühungen untersucht, evaluiert und idealerweise befürwortet. Es gibt zwei grundsätzliche Formen von Audits, ein externes und ein internes Audit. Beide Formen haben ihre Vorteile und können abwechselnd im Betrieb eingesetzt werden.

Externe Audits benötigen einen externen Gutachter, der den Betrieb und das Nachhaltigkeitsmanagement ausführlich unter die Lupe nehmen kann. Zu beachten ist, dass ein externer Prüfer nicht von der Beratungsgesellschaft kommen sollte, die den Einführungsprozess geleitet hat. Dies stellt sicher, dass eine rein objektive Begutachtung durchgeführt werden kann. Der Umfang des Audits unterscheidet sich sehr danach, ob es die erste Unternehmensprüfung oder eine Nachprüfung ist. Die erste externe Unternehmensprüfung wird je nach Größe des Betriebs ein bis zwei Beratertage in Anspruch nehmen. Teilweise werden auch zwei Prüfer beauftragt, um die Objektivität der Einschätzungen zu erhöhen.

Der Prüfer untersucht den kompletten Einführungsprozess und vergleicht ihn mit den vorgegebenen Kriterien des Managementsystems oder der Nachhaltigkeitszertifizierung.

Das Engagement für Qualität und Nachhaltigkeit wird durch die vielen Auszeichnungen sowie Zertifizierungen, aber vor allem durch die Unternehmens-Philosophie und das tägliche Handeln des Teams von Familie Retter sichtbar.

Anhand von bestehendem Berichtswesen, Begehungen sowie Gesprächen mit Mitarbeitern verschafft sich der Prüfer ein umfassendes Bild vom Betrieb. Stichprobenartig müssen Verbrauchskennzahlen nachgewiesen werden, um zu verhindern, dass sie nicht wahrheitsgemäß angegeben wurden. Am Ende wird das Verbesserungsprogramm überprüft, um sicherzustellen, ob es sowohl anspruchsvoll als auch realistisch ist. Grobe Schwachstellen oder sogar Gefahren für Mitarbeiter und Gäste können entweder sofort gelöst werden oder als Bedingung für den Erhalt des Prüfsiegels genannt werden. Der Prüfer wird den Ist-Zustand in seinem Prüfbericht dokumentieren und notwendige Verbesserungen vorschlagen. Das Prüfsiegel wird bei Bestehen der Prüfung mit Verweis auf das Prüfungsdatum und den Prüfer verliehen.

Nachprüfungen halten sich generell an den Rahmen der ersten Prüfung, jedoch müssen nicht alle Bereiche untersucht werden, sondern können durch Stichproben abgedeckt werden. Der Schwerpunkt wird bei der Nachprüfung darauf gelegt, die Bereiche zu überprüfen, die im Verbesserungsprogramm erwähnt werden. Wurden die Ziele und Aktivitäten nicht ausreichend durchgeführt, kann das Prüfsiegel verweigert werden. In der Regel dauern Nachprüfungen einen Beratertag und sollten mindestens alle zwei Jahre durchgeführt werden.

Interne Audits werden von Mitarbeitern im Unternehmen durchgeführt, die mit dem Einführungsprozess vertraut sind. Normalerweise bestehen die Teilnehmer aus dem Nachhaltigkeitsteam sowie dem Nachhaltigkeitsmanager. Ähnlich wie bei der Umweltbegehung werden stichprobenartig Räume, Abteilungen und Prozesse bezüglich der bearbeiteten Nachhaltigkeitsschwerpunkte untersucht.

Der Vorteil von internen Audits liegt darin, dass die Prüfer als Mitarbeiter und Teilnehmer des Nachhaltigkeitsteams viel Erfahrung mit dem Unternehmen und dem Einführungsprozess haben. Zudem sind die Kosten bei bestehenden Mitarbeitern sehr gering. Die externe Prüfung hat im Gegenzug den Vorteil, dass der Prüfer eine objektive Sichtweise hat und bei schwerwiegenden Verstößen seine Erfahrungswerte einbringen kann. Auch hat sich gezeigt, dass vor und nach einer externen Prüfung mehr Motivation für die Umsetzung des Verbesserungsprogramms besteht, da die Abteilungen die Begutachtung und den Prüfbericht ernster nehmen.

Da beide Varianten Vorteile für das Unternehmen haben, wird empfohlen, dass beide abwechselnd durchgeführt werden. Gerade regelmäßig durchgeführte Audits helfen, die Bemühungen weiterzuführen und eine klare Richtung vorzugeben.

FRAGEN ALS UMSETZUNGSUNTERSTÜTZUNG ZUM THEMA

»EINFÜHRUNG EINES NACHHALTIGEN MANAGEMENTS«

ZENTRALE FRAGEN FÜR EINE ERFOLGREICHE UMSETZUNG	FÜR MEINEN BETRIEB NICHT RELEVANT, GEDANKE WIRD NICHT WEITER VERFOLGT.	RELEVANT, DER FRAGE WURDE BEREITS IM EIGENEN BETRIEB NACHGEGANGEN.	RELEVANT, DER FRAGE WIRD IM EIGENEN BETRIEB NACHGEGANGEN.
Wurde bereits in Ihrem Managementsystem ein Nachhaltigkeitsprozess implementiert?			
Greifen Sie bei der Einführung oder dem Monitoring des Nachhaltigkeitsgedankens auf interne personelle Ressourcen oder eine externe Unterstützung zurück?			
Liegt Ihnen ein Drei-Jahres-Plan inklusive Maßnahmen für die Einführung eines nachhaltigen Managementprozesses vor?			
Haben Sie eine Bestandsaufnahme Ihrer Profitcenter in Bezug auf nachhaltiges Agieren durchgeführt?			
Führen Sie interne oder externe Audits durch?			

8

Nachhaltiges Hotelangebot richtig kommunizieren

TU GUTES UND SPRICH DARÜBER!

Der Gast des 21. Jahrhunderts schätzt Nachhaltigkeit, dies ist mittlerweile keine neue Erkenntnis mehr. Zahlreichen Studien oder auch dem Nachhaltigkeitsbericht des Hotelkonzerns Accor zufolge achten Touristen zwar mehr und mehr auf Themen wie sauberes Klima, gesunde Umwelt und faire Arbeitsbedingungen und nehmen sogar freiwillig Einschränkungen zu Gunsten der Nachhaltigkeit in Kauf. Jedoch zeigt ein Großteil noch keine Bereitschaft, die jeweilige Umsetzung auch monetär zu kompensieren. Zwischen der Einstellung zur Umwelt und dem tatsächlichen Umweltverhalten der Deutschen besteht also eine Diskrepanz. Dies bringt den Gastgeber in eine komplexe Situation, und so liegt es nun an ihm, seine nachhaltigen Aktivitäten in Bezug auf Ökologie und Ökonomie sowie im Bereich des Sozialen aktiv an seine Gäste zu kommunizieren, um nicht nur im Interesse seiner eigenen Unternehmung das nötige Umdenken zu erreichen, sondern darüber hinaus einen wichtigen Beitrag in puncto Zukunftsfähigkeit unserer Erde zu leisten – ein Thema, das vielen womöglich bereits abgeschmackt erscheinen mag und dennoch von größter Wichtigkeit ist. Warum aber lohnt es sich, dem Aspekt Kommunikation ein eigenes Kapitel zu widmen?

Die Antwort auf diese Frage ist relativ leicht gegeben. Zwar legt der Gast wie eingangs erwähnt immer mehr Wert auf Nachhaltigkeit – auch auf Reisen –, doch kann er dies nicht immer wertschätzen, da ihm womöglich das notwendige Hintergrundwissen fehlt. Mutet dem Gast beispielsweise die frische Almbutter auf dem Frühstückbuffet ein wenig ungewohnt an, versäumte es der Hotelier offenkundig, dem Gast aktiv z. B. durch einen Aufsteller zu vermitteln, um welch regionales Produkt es sich handelt und welch entscheidenden Beitrag er durch dessen Einsatz im eigenen Betrieb zum Thema Nachhaltigkeit leistet. Bei mangelnder Kommunikation der eigenen guten Taten besteht also die Gefahr der mangelnden Wertschätzung durch den Gast trotz dessen eigenen Anspruchs auf Nachhaltigkeit. Ein Paradoxon, das es durch den Hotelier zu überwinden gilt.

Des Weiteren gewinnt Kommunikation im Rahmen des unternehmerischen Handelns in der heutigen Zeit grundsätzlich eine immer größere Bedeutung. In Bezug auf die Kommunikationsbedingungen sind in hohem Maße die dynamische Entwicklung der Medienlandschaft sowie die Bedrohung durch zunehmende kommunikative Konkurrenz zu berücksichtigen. Ferner wächst die regelrechte

Informationsüberflutung unserer Gesellschaft und stellt somit ein weiteres Faktum dar, das bei der wirkungsvollen Interaktion mit dem Gast nicht vernachlässigt werden sollte.

Doch stellt die passende Kommunikation des Nachhaltigkeitsgedanken, sofern er bereits gelebt wird, anstatt ein bloßes Lippenbekenntnis zu sein, für viele Hotels noch eine nicht unbedeutende Herausforderung dar. Da Nachhaltigkeit jedoch heutzutage sogar ein wichtiges Buchungskriterium ist und vom Gast als zusätzliches Qualitätsmerkmal verstanden wird, ist eben jene richtige Vermittlung der eigenen Anstrengungen ausschlaggebend. Wenn also ein Hotelier in besonderem Maße auf nachhaltiges Wirtschaften achtet und dies vom Gast dann auch deutlich wahrgenommen wird, gelingt es häufig, ihn positiv zu überraschen. Die Folge sind nicht selten begeisterte und zufriedene Gäste, die durch eine emotionale Bindung loyale Stammgäste des Hotels werden können und jenes durch Mundpropaganda oder mittels der neuen Medien im besten Falle vielmalig weiterempfehlen (von Freyberg et al. 2012, S. 88) – der letztendlich günstigste und wirksamste Weg der Vermarktung sowie die langfristige Existenzgrundlage jeder Unternehmung. (Gruner 2013, S. 96)

Entscheidend bei der Kommunikation des Nachhaltigkeitsgedankens sind mehrere Punkte. Zum einen müssen alle Stakeholder und möglichen Zielgruppen adressiert werden; neben den bereits bestehenden sowie potenziellen Gästen in gleich großem Maße die Zulieferer, Partner sowie die eigenen Mitarbeiter des Betriebs. Denn letztere stellen einen entscheidenden Erfolgsfaktor des Hotelbetriebs dar (von Freyberg et al. 2012, S. 57), und somit liegt es auf der Hand, dass eben jene den Nachhaltigkeitsgedanken genau wie der Hotelier selbst leben sollen und wollen, sich also gerne mit ihm identifizieren. Zum anderen darf der Hotelier bei der Vermittlung des Themas

Nachhaltigkeit nicht »oberlehrerhaft« wirken. Dies führt im schlimmsten Falle zu einer gänzlichen Ablehnung der sensiblen Thematik und wäre somit vollkommen kontraproduktiv im Hinblick auf die oben genannte Zielsetzung. Besondere Bedeutung kommt schließlich dem sogenannten Greenwashing zu, welches nicht minder kritisch zu betrachten ist als das bereits bekannte Whitewashing. Beide Begriffe beinhalten im Wesentlichen den Aspekt der Tatsachenverfärbung, sei es, indem man etwas schönfärbt – »weiß wäscht« – oder sich »ein grünes Mäntelchen umhängt«, um so ein verantwortungsbewusstes und nachhaltiges Image zu erzeugen.

Greenwashing betreibt, wer zu Unrecht nachhaltiges Engagement für sich in Anspruch nimmt. Der mittlerweile international etablierte Begriff bezieht sich vor allem auf Unternehmen, die sich mit ökologischen oder auch sozialen Leistungen brüsten, die entweder nicht vorhanden sind oder die minimal sind im Verhältnis zu negativen öko-sozialen Auswirkungen des Kerngeschäfts. Doch gerade beim noch immer zart besaiteten und doch von vielen bereits als Quell des Überdrusses empfundenen Thema Nachhaltigkeit ist ehrliche und vor allem authentische Kommunikation unentbehrlich. Dies bedeutet also im Umkehrschluss, dass in keinem Fall Sachverhalte Gegenstand der Kommunikationspolitik sein dürfen, die nicht tatsächlich so umgesetzt werden, wie es nach außen hin vermittelt wird. Auch die aufwendige Kommunikation eines einzigen positiven Beitrags durch das Hotel zum Thema Nachhaltigkeit, während die übrige Betriebstätigkeit eben jener genau entgegensteht, trägt nicht zur Erreichung des Ziels der Authentizität und Ehrlichkeit sowie zum langfristigen Erfolg bei.

Nun stellt sich die Frage, wie also der Hotelier seinen Gästen nahebringt, dass beispielsweise ein eingeschränkter Netzempfang bei

Mobiltelefonen auf dem Hotelgelände nicht etwa Zeichen eines Mangels ist oder gar etwa die Qualität des Angebots beeinträchtigt, sondern dass dieser Sachverhalt ganz bewusst zur Vermeidung von Elektrosmog und daraus resultierend von möglichen gesundheitlichen Risiken beitragen soll. Zur Beantwortung dieser Frage liegt es am Hotelier, im Vorfeld die geeigneten Kanäle der Kommunikation für die jeweilige Gegebenheit zu wählen und diese in der Folge effizient einzusetzen. Hierzu kann er entweder eine eigene Strategie entwickeln oder aber den Anschluss an eine geeignete Kooperation erwägen. Auch gewonnene Auszeichnungen bzw. Preise im Bereich der Nachhaltigkeit können einen wertvollen kommunikativen Beitrag leisten. In den folgenden Kapiteln sollen eben jene Entscheidungsalternativen näher beleuchtet werden, um schließlich die Entscheidungsfindung zu unterstützen.

INSTRUMENTE DER NACH-HALTIGKEITSKOMMUNIKATION

Entscheidet sich der Hotelier für die Entwicklung einer eigenen geeigneten Kommunikationsstrategie, sollte das Ziel sein, die Kommunikationspolitik aufeinander abgestimmt effektiv und effizient zu gestalten. Nach Bruhn kann unter Kommunikation die Übermittlung von Informationen und Bedeutungsinhalten zum Zweck der Steuerung von Meinungen und Einstellungen, Erwartungen und Verhaltensweisen bestimmter Adressaten gemäß spezifischer Zielsetzungen verstanden werden. (Bruhn 2010, S. 3) Welche konkreten Mittel sich dem Hotelier nun bieten, um nicht nur seinen Betrieb als solchen, sondern ebenso sein Tun an die jeweiligen Stakeholder zu kommunizieren, sei im Folgenden aufgezeigt. Allgemein lässt sich anmerken, dass sich die instrumentelle und inhaltliche Bandbreite der Kommunikationspolitik von Unternehmen in den letzten Jahren erheblich verändert hat (Gardini 2009, S. 479), sodass sich dem Hotelier neue und innovative Möglichkeiten im Bereich der Kommunikation eröffnen.

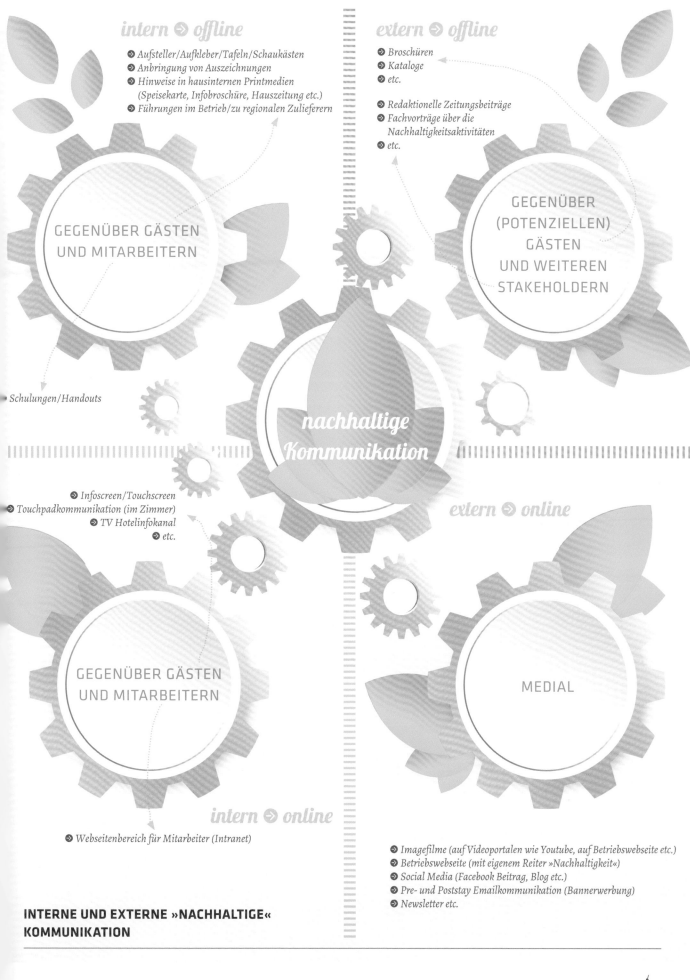

➔ *Aufsteller/Aufkleber/Tafeln/Schaukästen*
➔ *Anbringung von Auszeichnungen*
➔ *Hinweise in hausinternen Printmedien*
  (Speisekarte, Infobroschüre, Hauszeitung etc.)
➔ *Führungen im Betrieb/zu regionalen Zulieferern*

➔ *Broschüren*
➔ *Kataloge*
➔ *etc.*

➔ *Redaktionelle Zeitungsbeiträge*
➔ *Fachvorträge über die*
  Nachhaltigkeitsaktivitäten
➔ *etc.*

GEGENÜBER GÄSTEN
UND MITARBEITERN

GEGENÜBER
(POTENZIELLEN)
GÄSTEN
UND WEITEREN
STAKEHOLDERN

Schulungen/Handouts

nachhaltige Kommunikation

➔ *Infoscreen/Touchscreen*
➔ *Touchpadkommunikation (im Zimmer)*
➔ *TV Hotelinfokanal*
➔ *etc.*

GEGENÜBER GÄSTEN
UND MITARBEITERN

MEDIAL

➔ *Webseitenbereich für Mitarbeiter (Intranet)*

➔ *Imagefilme (auf Videoportalen wie Youtube, auf Betriebswebseite etc.)*
➔ *Betriebswebseite (mit eigenem Reiter »Nachhaltigkeit«)*
➔ *Social Media (Facebook Beitrag, Blog etc.)*
➔ *Pre- und Poststay Emailkommunikation (Bannerwerbung)*
➔ *Newsletter etc.*

INTERNE UND EXTERNE »NACHHALTIGE« KOMMUNIKATION

Die jeweils richtige Auswahl und Kombination der oben genannten Mittel spielt eine entscheidende Rolle bei der Zielerreichung, in diesem Fall der richtigen Kommunikation der Nachhaltigkeitsaktivitäten.

Für ein effizientes Kommunikationskonzept liefert die Kommunikationsformel nach Lasswell die entscheidenden Hinweise, die sowohl auf die Instrumente der Offline-Kommunikation sowie auch auf diejenigen der Online-Kommunikation angewandt werden kann:

⊙ **wer** *(Unternehmen, Kommunikationstreibende)*

⊙ **sagt was** *(Kommunikationsbotschaft)*

⊙ **unter welchen Bedingungen**
(Umweltsituation) über welche Kanäle
(Medien, Kommunikationsträger)

⊙ **zu wem** *(Zielperson, Empfänger, Zielgruppe)*

⊙ **unter Anwendung welcher Abstimmungsmechanismen**
(Integrationsinstrumente)

⊙ **mit welchen Wirkungen**
(Kommunikationserfolg)

Quelle: Meffert 2000, S.685

Es stellt sich die Frage, wie der Hotelier oben genannte Werbemittel nun für seine Nachhaltigkeitsthemen einsetzen kann. Sicher sind die Zeiten vorbei, als bloße Aufkleber im Badezimmer, die womöglich schon ausgebleicht und abgenutzt sind und den Gast um sparsamen Wasserverbrauch oder selteneres Wechseln der Handtücher bitten, überzeugen. Schlimmstenfalls empfindet der Gast sie sogar als Sparmaßnahme seitens des Hotels auf seine Kosten – ein Gefühl, das dem Hotelgast in keiner Lage gegeben werden sollte.

Gerade die heutigen grafischen und technischen (online) Möglichkeiten erleichtern mittlerweile eine ansprechende Visualisierung des nachhaltigen Handelns eines Hotels in großem Maße.

EINIGE BEISPIELE

- Das Ferienhotel »Das Kranzbach« hängt im Haus auf einer großen, deutlich sichtbaren Tafel die 21 wichtigsten Green Facts aus und visualisiert so dem Gast die Hauptbestandteile der Nachhaltigkeitsphilosophie.

- Im »Explorer Hotel« in Fischen, dem ersten zertifizierten Passivhotel Europas, findet der Gast auf interaktiven Touchscreens nicht nur Tipps für die nächste Ski- oder Wandertour, sondern auch alles Wissenswerte zur im Haus gelebten Nachhaltigkeit.

- Der Geschäftsführer der »Upstalsboom Hotels und Ferienwohnungen«, Bodo Janssen ließ einen aufwendigen Kurzfilm zum Thema soziale Nachhaltigkeit mit dem Titel »Der Upstalsboom Weg« drehen, in dem er potenziellen Gästen, Mitarbeitern und sämtlichen übrigen Stakeholdern eindrucksvoll vermittelt, was nachhaltige Mitarbeiterwertschätzung in seinen Betrieben bedeutet.

IDEENWERKSTATT IM SCHINDLERHOF: INTERAKTIVE UND MOBILE KOMMUNIKATION – VOM SCHWARZEN BRETT ZUR DIGITALEN MITARBEITER-APP

Kundenbindung, Eventplanung und Mitarbeiterkommunikation – das sind die effizienten App-Module, auf die die Schindlerhof-App ihren Informationsschwerpunkt legt. Denn das bekannte Nürnberger Tagungshotel geht mit seiner valido Ideenwerkstatt für mobile Kommunikation seit geraumer Zeit schon völlig neue Wege in der digitalen Imagepflege und der externen sowie internen Unternehmenskommunikation. In diesem Kurzbeitrag liegt der Schwerpunkt auf der internen Mitarbeiterkommunikation, die extrem gut von allen Mitarbeitern angenommen und intensiv genutzt wird. Darauf sind die Inhaber des Hotels, Klaus, Renate und Nicole Kobjoll mit Dr. Marcel Setzer besonders stolz, denn »wir entwickeln in unserer Ideenwerkstatt eigene Online-Konzepte, um unser Unternehmen auch in diesen schnelllebigen und stark digital orientierten Zeiten kontinuierlich auf der Pole Position zu halten«, so Klaus Kobjoll. »Unsere App vollzieht damit in einem Teilbereich einen reibungslosen Übergang vom traditionellen Schwarzen Brett in das digitale Zeitalter. Die Schindlerhof-Informationsphilosophie ist unverändert und bleibt transparent. Denn moderne Maßnahmen bedeuten ja nicht zwingend, dass man auf Tradition und in der Vergangenheit gelebte Werte verzichtet. Sie werden lediglich im Interesse aller den modernen Möglichkeiten der Technik angepasst und behalten in jeder Beziehung inhaltlich ihren nachhaltigen Charakter. Unsere Erfahrungen und unser intensiv erprobtes Praxiswissen geben wir gerne auch an andere Unternehmen weiter.« Ausführlichere Informationen sind unter www.valido-consult.com, der Webseite der Ideenwerkstatt im Schindlerhof, einzusehen.

Schindlerhof-Mitarbeiter werden in dem eigens für sie geschaffenen App-Modul registriert und bekommen vom Hotel ihren persönlichen Zugang zu einem geschlossenen Mitarbeiterbereich. Die Berechtigung zur Nutzung wird sofort über das CMS aktiviert oder – beispielsweise beim Ausscheiden – entsprechend deaktiviert. Im Mitarbeiterbereich werden unter anderem über den ErfolgsSpiegel täglich betriebswirtschaftliche Informationen zu allen Unternehmensbereichen eingestellt, aber auch Schulungsangebote aus der Schindlerhof-Akademie, dem eigenen Fortbildungsprogramm, Dienstpläne und die Balanced Scorecard angezeigt. Zudem können Mitarbeiter den Mitarbeiteraktienindex und Jahreszielplan einsehen oder neue Mitarbeiter werben. Außerdem werden ökologische Details und Besonderheiten im Rahmen der regional fundierten Philosophie des Unternehmens vermittelt. Und jede/r Mitarbeiter/in hat einen barrierefreien Kontakt zu allen Kollegen im Hotel. Das heißt, die App ist nicht nur eine Informationsquelle par excellence, sondern ermöglicht jederzeit an jedem Ort den unmittelbaren Austausch. Nachfolgende Aussagen mögen das verdeutlichen:

NICOLE KOBJOLL – MITGLIED DER GESCHÄFTSFÜHRUNG / INHABERIN

»Ich war von der Möglichkeit, unsere interne Unternehmenskommunikation parallel zeitgemäß zu digitalisieren und
zu optimieren, sehr begeistert, je tiefer ich in das Konzept
eingestiegen bin. Schließlich gibt es heute kaum noch Mitarbeiter, die keinen Internet-Zugang auf ihrem Handy haben,
und so bot sich diese moderne und zeitsparende Einrichtung
einer mobilen Mitarbeiter-App geradezu an. Denn Fakt ist,
dass »Schwarze Bretter« zwar über lange Zeit ihren Sinn und
Zweck erfüllt haben, die neue Generation sich aber eindeutig
anders informiert. Das System wurde – mit wenigen Ausnahmen – sofort angenommen und ist heute integraler Bestandteil unserer internen Kommunikation. Schnell, unkompliziert,
effektiv – und: extrem motivierend. Jeder hat jederzeit Zugriff
auf alle Informationen, womit wir unserem unternehmerischen Prinzip von umfassender Information und Transparenz
sehr gezielt entsprechen. Für uns haben sich alle Erwartungen, die wir uns von dieser Mitarbeiter-App versprochen
haben, erfüllt. Und die App lebt, das heißt, sie wird bei Bedarf
erweitert und mit weiteren Inhalten bestückt.«

DENNIS KOBER – KOORDINATOR VON RESTAURANT UND
BANKETT IM SCHINDLERHOF

»Sicher müssen wir die Funktionen und Inhalte im Laufe der
Zeit noch ausbauen, aber die Mitarbeiter-App ist eine tolle
Neuerung im Schindlerhof. Denn ich kann mich von unterwegs
oder sogar in meiner Freizeit über Neuigkeiten informieren
und als Teamleiter meinen Team-Mitgliedern jederzeit aktuelle Infos auf spielerische Art zukommen lassen. Grundsätzliche
Informationen nutze ich bei Bedarf, Aktuelles regelmäßig. Das
System spart jede Menge Zeit, ist immer auf dem neuesten
Stand und kann flexibel von jedem genutzt werden. Dienstpläne, Aktennotizen, Protokolle – es gibt alles auf Abruf.
Wenn ich mir überlege, wie viele wir früher in Ordnern gewühlt
haben, das war doch bei der Suche nach Informationen weit-
aus aufwendiger. Die neuen Medien sind schon klasse, wenn
man sie sinnvoll und gezielt einsetzt und sich nicht von ihnen
dominieren lässt.«

MAHSA AMOUDADASHI – EHEMALS HERZLICHKEITS-
BEAUFTRAGTE IM SCHINDLERHOF, GEGENWÄRTIG IM
STUDIUM DER WIRTSCHAFTSPSYCHOLOGIE AN DER
FRESENIUS UNIVERSITÄT, DOCH DEM SCHINDLERHOF
UNVERÄNDERT ENG VERBUNDEN

»Für meinen Arbeitsablauf ist es am wichtigsten, die Protokolle
der wöchentlichen Führungsmeetings verfügbar zu haben, die
täglichen Zahlen aufrufen zu können und die Veranstaltungs-
übersicht einsehen zu können. Denn für mich ist es besonders
wichtig, zu wissen, wer wann im Haus ist. So habe ich immer
die wichtigsten Informationen parat, auch wenn ich gerade
nicht im Schindlerhof bin. Kürzlich hatte ich Lust, ganz spontan etwas zu unternehmen. In der App habe ich den aktuellen
Dienstplan aufgerufen und nachgeschaut, wer gleichzeitig mit
mir frei hat. Diejenige habe ich dann kontaktiert und gefragt,
ob wir tauschen könnten. Das fand ich nicht nur praktisch,
sondern genial. Auch mein monatliches MAX-Formular fülle
ich darüber aus – MAX = Mitarbeiter-Aktien-Index. Früher war
alles so viel zeitaufwendiger, heute sind alle Infos nur einen
Klick entfernt. Natürlich muss man das mögen. Aber ich mag
es. Und: Es stärkt für mich sogar meinen Stolz, diesem Unternehmen anzugehören, das extrem flexibel auf alle modernen,
aber sinnvollen Innovationsmöglichkeiten reagiert.«

Quelle: Presse Schindlerhof

Das Familotel Feldberger Hof erhält als erste Hotel im Schwarzwald die renommierte Auszeichnung »GREEN BRAND« Germany 2013/2014.

Familotel Feldberger Hof.

Familotel Feldberger Hof.

Bayerisches Brauchtum und moderne Nachhaltigkeit zeichnen das Familotel Zum Steinbauer aus.

Familotel Zum Steinbauer.

AUS EINEM NEWSLETTER DES FAMILOTEL ALPENHOF

»Es ist geschafft! Der **neue** ALPENHOF ist fertiggestellt und erstrahlt in einem vollkommen neuen Gewand!

In den letzten 100 Tagen haben überregionale und regionale Experten gemeinsam mit der gesamten Familie Pabst – mit viel Vorfreude und Herzblut – alles dafür gegeben, Ihren Alpenhof noch farbenfroher und ganz besonders zu gestalten. Peter Pabst lag es dabei am Herzen, nachhaltig und umweltschonend zu bauen sowie in erster Linie regionale Baumaterialien zu verwenden:
»Ich bin sehr stolz auf unseren neuen und nachhaltigen Alpenhof. Auf unseren Holzböden können unsere Gäste ab sofort wunderbar die Natürlichkeit des Materials, das der Umwelt zuliebe nur aus der näheren Umgebung bezogen wurde, spüren oder durch die

atmungsaktive sowie energieeffiziente Schallisolierung aus Naturmaterialien vollkommene Ruhe genießen. Dank modernster Brandschutztechnik müssen Sie sich auch keine Gedanken um das Wohl der Familie machen und können unbesorgt Ihren Urlaub genießen. Neben diesen Neuerungen wartet der neue Alpenhof zudem mit vielen klimatischen Vorteilen auf Sie. Tanken Sie zum Beispiel durch die kontrollierte Wohnraumlüftung die immerwährende Frischluft oder erfreuen Sie sich besonders als Allergiker an einer zuvor gefilterten, pollenfreien Luft, in der Sie sich rundum erholen können.

Somit: Tausend Dank an alle fleißigen Helferinnen und Helfer – wir freuen uns auf eine lustige, bunte Sommer-Saison mit Ihnen und Ihrer Familie!«

Quelle: www.alpenhof.org/de/familotel-alpenhof.html (Einsehdatum 02.05.2014)

NACHHALTIGKEITSKOMMUNIKATION AUF DER WEBSEITE: DAS »THE MONARCH HOTEL« INMITTEN DER NATUR

Folgender Text findet sich unter anderem auf der Webseite des »The Monarch Hotel« unter dem Reiter »Nachhaltigkeit«:

»Das 4 Sterne Superior »The Monarch Hotel« befindet sich in reizvoller Umgebung zwischen Donaudurchbruch und den Hopfengärten der Hallertau im Zentrum Bayerns. Gemütlich plätschert die Abens durch Bad Gögging und führt einen in direkter Umgebung zur Donau. Eingebettet in die Natur zwischen Wiesen und Feldern beherbergen wir unsere Gäste in 310 Zimmern und bieten eine Tagungsfläche von rund 2.500 qm.

Um die Umwelt zu schonen, verzichten wir in unseren Zimmern auf eingeschaltete Fernseher zur Begrüßung und auf den Einsatz von Minibars. Um trotzdem den Wohnkomfort unserer Gäste nicht zu schmälern, haben wir mobile Kühlschränke, die bei Wunsch aufs Zimmer gebracht werden.

Unser Umweltdenken

Die tragenden Säulen unseres täglichen Handelns sind Qualität, Zuverlässigkeit, Nachhaltigkeit und verantwortungsvoller Umgang mit Ressourcen.

Damit auch in der Zukunft jeder einzelne in den Genuss unserer Umwelt kommen kann, schonen und pflegen wir sie gemeinsam mit unseren Mitarbeitern, Lieferanten und unseren Gästen. All unser Handeln ist darauf bedacht, zukunftsfähig, modern und umweltbewusst zu sein. Wir gehen schonend mit Rohstoffen um und vermeiden deswegen den Einsatz von umweltschädlichen Produkten und die Überproduktion an Müll, egal ob Verpackungsmaterial oder Essensreste.

Um unser Konzept des nachhaltigen Wirtschaftens umzusetzen, arbeiten wir Hand in Hand mit den Mitarbeitern und unseren Gästen. Wir sind offen für Kritik und neue Denkansätze, um zusammen Gutes weiter auszubauen und Neues auszuprobieren.«

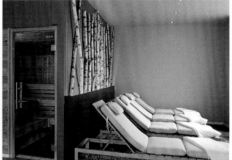

Quelle: www.monarchbadgoegging.com/hotel-bayern/nachhaltigkeit.html (Einsehdatum: 15.03.2014)

AUSZUG AUS »NACHHALTIGEN« FACEBOOKEINTRÄGEN

»Heute ist Earth Day. Wusstet ihr schon, dass wir als erstes Fünf-Sterne-Superior-Hotel für unsere nachhaltigen Initiativen mit dem EMAS Zertifikat ausgezeichnet sind?«
(Ritz-Carlton Berlin)

»Der TV-Beitrag über unser Hotel und die Reise in das Biosphärenreservat Elbtalaue wird von 3sat, in nano spezial »nachhaltig reisen«, am Do. 4.7. 18:00 gesendet.«
(Biohotel Kenners LandLust)

Biohotel Kenners LandLust.

»ES GEHT NOCH GRÜNER!!

Diese Woche haben die Bauarbeiten an unserem vertikalen
Garten begonnen!
Jenen, die unser Boutiquehotel kennen, ist die Grüne Wand in
unserem Eingangsbereich bekannt.
Diese ist im Zuge einer Forschungsarbeit mit Grünwald und
der Boku Wien entstanden. Beobachtet wird, wie Pflanzen in
Innenräumen mit LED Licht gedeihen.
Jetzt gehen wir den nächsten Schritt.
Wir bekommen einen vertikalen Garten an unserer Straßen-
fassade. Untersucht wird dabei, wie sich die Grünbepflan-
zung auf das Raumklima in den dahinter liegenden Zimmern
auswirkt. Darum wird die Fassade auch nicht flächendeckend
bepflanzt.

GRÜN IST DIE FARBE UNSERER WELT!

TAGS: Boku Wien, Boutique Hotel Stadthalle, boutiquehotel
stadthalle, Green Hotel, grün, Grüne Fassade, Grünwand,
innovativ, nachhaltiges Hotel, nachhaltigkeit, Null Energie, null
energie bilanz, null-energie-hotel, Raumklima, Sleep Green
Hotels, umwelt, umweltschutz, Universität für Bodenkultur,
vertikaler Garten«

Quelle: www.hotelstadthalle.at/blog/vertikaler-garten/ (Einsehdatum 10.05. 2014)

Instrumente, die stärker auf die Interaktivität
der Online-Kommunikation abstellen, bieten
eine hervorragende Möglichkeit, über aktuelle
nachhaltige Themen zu informieren. Beispiele
sind Blogs, Foren, Communities oder News-
groups. Die Anzahl von Facebook-Nutzern in
Deutschland im Jahr 2014 in Höhe von knapp
27 Millionen (www.statista.com) – dies entspricht der Vernetzung von fast einem Drittel
der gesamten Bevölkerung über diese eine soziale Plattform – lässt keinen großen Diskussions-
raum bezüglich der Frage, ob der Hotelier seine nachhaltigen Taten auch über diesen Kanal
kommunizieren sollte.

GEMEINSAM GEHT ES LEICHTER – MARKETINGKOOPERATION

Sieht sich der Hotelier beispielsweise aufgrund des hohen operativen Geschäftsauf-
kommens oder aber aufgrund mangelnder
Sicherheit auf dem Gebiet der Nachhaltigkeit
und deren wirkungsvoller Kommunikation
nicht in der Lage, eine eigene Strategie zu
entwickeln, so kann der Anschluss an eine
Marketingkooperation eine interessante Alternative sein. Marketingkooperationen sind
auf vielfältige Art und Weise möglich: von
gemeinsamen Werbeaktionen und Cross-Pro-
motions (gegenseitige Reklame von Firmen,
die ihre Produkte in unterschiedlicher Weise
anbieten) über Vertriebskooperationen und

attraktive Leistungsbündel bis hin zum gezielten Querverkauf. Eine Kooperation festigt die Marktposition der Kooperationspartner und unterstützt den gemeinsamen Ausbau. Zudem bietet sie den Beteiligten die Möglichkeit, von Kostenvorteilen sowie von Arbeits- und zeitlicher Erleichterung durch Aufgabenteilung zu profitieren.

»Bei Marketingkooperationen erfolgt in der Regel eine zwischenbetriebliche Zusammenarbeit von mindestens zwei Unternehmen zur gemeinsamen Durchführung von Aufgaben mit mittel- bzw. langfristigem Zeithorizont.« (Sell 1994, S. 3)

Die Gründung neuer oder der Anschluss an bestehende Kooperationen spielen im Tourismus eine zunehmend größere Rolle für die Umsetzung von Marketingkonzepten. Jede Kooperation wird mit unterschiedlichen Zielsetzungen gegründet. In Bezug auf die Kooperationsarten unterscheidet man zwischen betrieblichen Kooperationen, welche keine eigene Rechtspersönlichkeit haben, und überbetrieblichen Kooperationen, welche ein gemeinsames Unternehmen gründen. (Freyer 2007, S. 513)

Anschauliche Beispiele für eine betriebliche Kooperation stellen die Sleep Green Hotels sowie die Kooperation der BIO-Hotels dar.

Natürlich birgt der Anschluss an eine Kooperation in manchen Fällen auch Risiken. Überwiegen aber die Vorteile für den jeweiligen Hotelier, so stellt der Anschluss an eine Marketingkooperation eine sinnvolle Alternative zur »selbst gestrickten« Kommunikation dar.

+ Wissens- und Erfahrungsaustausch zwischen Hoteliers
+ Profitieren von langjährigen Erfahrungen auf dem Gebiet der Nachhaltigkeit
+ Stärkung und Ausbau der eigenen Marktposition
+ Möglichkeit der Aufgabenteilung
+ Kosteneinsparungspotenziale

- Fehlender Bekanntheitsgrad beim Gast
- Zusätzliche Kosten für Anschluss an jeweilige Kooperation
- Diskrepanz zwischen eigenem und durch Kooperation vermitteltem Nachhaltigkeitsgedanken

Das Sleep Green Hotel »der Wilhelmshof«.

NETZWERK FÜR »GRÜNE« HOTELS

Fünf Hotels aus Süddeutschland und Österreich haben sich zum Hotel-Netzwerk **SLEEP GREEN** zusammengeschlossen. Die neue Kooperation steht für umweltfreundliches und nachhaltiges Wirtschaften und will sich weltweit vermarkten. Dafür wurde bereits die gemeinsame Webseite www.sleepgreenhotels.com gestartet.

Die Gründungsmitglieder sind das Boutique Hotel Stadthalle in Wien, das Hotel zur Post in Salzburg, das B&O Parkhotel in Bad Aibling, das Best Western Premier Hotel Victoria in Freiburg und das Derag Livinghotel Am Viktualienmarkt in München. Mittlerweile gehören 15 Hotels zu dieser Kooperation. Jedes Hotel verfügt über mindestens zwei offizielle Zertifizierungen als nachhaltiges Unternehmen.

BIO HOTELS

Weit mehr als ein Jahrzehnt ist schon vergangen, seitdem die ersten Bio Hoteliers sich zusammenschlossen, um Bio Urlaub mit nachvollziehbaren, zukunftsweisenden Ideen und Leitlinien anzubieten. Heute sind die BIO HOTELS der größte Zusammenschluss ökologischer Hotels: Die fast 100 BIO HOTELS in acht europäischen Ländern bieten – zusammengefasst in »6 Kernkompetenzen« – alles, was Gäste von einem Bio Urlaub und Familienurlaub, Bio Wellness, einem nachhaltigen Tagungsangebot und ökologisch orientiertem Service für Geschäftsreisen erwarten.

Auf der Webseite der Bio Hotels ist klar herausgestellt, wie diese arbeiten und welche Standards diese fordern. Das wird besonders deutlich in den Richtlinien: »Mit unserem Einkauf bestimmen wir, wie die Lebensmittel produziert werden, die wir verarbeiten. Wir entscheiden, mit welchen Methoden die Pflanzen betreut werden, wie die Tiere gehalten werden, ob Gentechnik angewendet wird oder nicht. Unsere Standards sind die kleinsten gemeinsamen Nenner unserer Mitgliedsbetriebe.« (Bio Hotels Philosophie)

EHRE, WEM EHRE GEBÜHRT – AUSZEICHNUNGEN

Wer Herausragendes leistet, soll die entsprechende Anerkennung für seine Leistung erhalten. Nur so wird die Motivation, immer neue Höchstleistungen zu erzielen, aufrechterhalten. Wer bei den Bundesjugendspielen Spitzenergebnisse erbringt, erhält eine Ehrenurkunde. Wer geistige Höchstleistungen erzielt, hat die Möglichkeit, über ein Begabtenstipendium ausgezeichnet und unterstützt zu werden. Wer als Gast oder Mitarbeiter den größtmöglichen persönlichen Beitrag zum nachhaltigen Wirtschaften in einem Hotel leistet, wird zum »Green Champion«. Das Hotelforum in München verleiht jährlich Preise wie etwa den »Blue Award«. Die Liste an Beispielen ließe sich noch lange fortführen. Allen gemeinsam ist der Aspekt des Anreizes in Form von Lob und Anerkennung. Durch Anreize wiederum ist der Mensch viel eher willens und in der Lage, erneut Herausragendes zu leisten. Auszeichnungen belohnen den Erbringer der jeweiligen Spitzenleistung nicht nur, sondern tragen sein Erreichtes auch nach außen. Hier schließt sich nun letztlich der Kreis, denn wie der Leser zu Beginn dieses Kapitels erfahren hat, soll der Hotelier sein nachhaltiges Handeln aktiv an die jeweiligen Interessengruppen kommunizieren, anstatt dies nur im stillen Kämmerlein zu praktizieren. Dabei können Auszeichnungen einen entscheidenden Beitrag leisten. Hierzu zählen zum einen diejenigen Auszeichnungen, die der Hotelier selbst erhält, zum anderen aber auch solche, die er vergibt. Und zwar an Gäste, Mitarbeiter, Lieferanten oder Partner.

Letztere können durchaus auch in monetärer Form geschehen, wie anhand des Beispiels aus dem Westin Grand Berlin deutlich wird:

WESTIN GRAND BERLIN MOTIVIERT GÄSTE ZUM UMWELTSCHUTZ

Verzichtet der Gast auf tägliche Zimmerreinigung sowie Wechseln von Bettwäsche und Handtüchern, spart er damit pro Übernachtung durchschnittlich 186 Liter Wasser und 0,19 Kilowattstunden Strom. Das ergibt eine Berechnung der Westin Hotels & Resorts. Das Westin Grand Berlin animiert seine Gäste nun dazu, öfter auf Wäschewechsel und Reinigung zu verzichten, um etwas Gutes für die Umwelt zu tun. Das Programm nennt sich »Make a green choice«. Teilnehmende Gäste erhalten als Belohnung entweder einen 5-Euro-Gutschein für die Hotelgastronomie oder 500 Punkte beim Starwood-Kundenbindungsystem Starwood Preferred Guest. Die Resonanz ist sehr gut: Bereits jeder fünfte Geschäftsreisende entscheidet sich für die Umwelt. Der Gast kann maximal drei Tage hintereinander an dem Umweltprogramm teilnehmen, ab dem vierten Tag sind Zimmerreinigung und Wäschewechsel obligatorisch. Um die Aktion den Kunden näher zu bringen, ist an der Rezeption des Westin Grand Berlin ein Mitarbeiter speziell für das Umweltprogramm zuständig.

Quelle: AHGZ, Energiesparen, 19.04.2013

LEADER IN THE LIGHT AWARD

Der »Leader in the Light Award« wird seit 2005 jährlich in Nordamerika von der National Association of Real Estate Investment Trusts verliehen und ehrt Unternehmen, die Herausragendes im Bereich Energiewirtschaft leisten. Die Organisation zeichnet international unter Berücksichtigung acht verschiedener Kriterien aus.

Hersha Hospitality Trust war Gewinner des »2012 Lodging & Resorts Leader in the Light Award«.

Earth Hour im Westin Grand Frankfurt: die Earth Hour am 29. März 2014 von 20:30 bis 21:30 Uhr gilt als weltweit größte Klimaschutzaktion, initiiert vom World Wide Fund for Nature (WWF).

Für vorbildliches Handeln durch ein Hotel im Bereich der Nachhaltigkeit gibt es diverse Auszeichnungen. Viele ehren das umweltbewusste Engagement von Hotels wie etwa das verstärkte Nutzen von erneuerbaren Energien, doch auch außergewöhnliches Umweltmarketing wird gewürdigt.

Die Anerkennung in Form einer Auszeichnung belohnt nicht nur den jeweiligen Hotelier für seine Anstrengungen, sondern schafft zudem beim Gast Vertrauen. Vor allem potenzielle Gäste, die sich noch nicht vom nachhaltigen Handeln eines Hotels überzeugen konnten, haben durch die Auszeichnung durch eine unabhängige Organisation mehr Sicherheit, und der Anreiz zur Buchung kann somit erhöht werden. Erlebt ein solcher Gast in der Folge während seines Aufenthalts auch das aufrichtige nachhaltige Handeln in den Bereichen Ökologie, Ökonomie und Soziales, so kann er wiederum loyalisiert werden und trägt durch Weiterempfehlungen zu höherem Bekanntheitsgrad des jeweiligen Hotels bei.

Travel Charme Bergresort Werfenweng.

Das Gut Wenghof.

Travel Charme Bergresort Werfenweng.

Das Gut Wenghof.

Werfenweng ist eine österreichische Ortsgemeinde mit 934 Einwohnern im Pongau im Salzburger Land.

BLUE HOTEL AWARD

Mit dem von der STIWA ins Leben gerufene Blue Hotel Award soll ein europäisches Hotel gewürdigt werden, das sich durch ein Gesamtkonzept aus nachhaltiger Architektur und Betriebsführung als Vorreiter der Hotelindustrie auszeichnet. Besonders bewertet werden hierbei die drei übergeordneten Kriterien: Ökologie (Einsatz von Umwelttechnik und Reduzierung des Verbrauchs von Ressourcen, Einsatz von lokalen Ressourcen), Ökonomie (Senkung der Betriebskosten und Einsatz von innovativen Technologien) und Soziale Verantwortung (Erhaltung/Schaffung von Arbeitsplätzen und Mitarbeiterförderung und -motivation).

Preisträger Blue Hotel Award 2013

Im Jahr 2013 ging der Preis an die Gemeinde Werfenweng, die beispielhaft für die erfolgreiche Anwendung umfassender Nachhaltigkeitskonzepte steht. Werfenweng ist seit 1997 Modellort für sanfte Mobilität (SAMO), das heißt: Urlaub ohne Auto und trotzdem mobil sein. Dies wird dadurch erreicht, dass der Gast nach Anreise seinen Autoschlüssel an der Rezeption seines Hotels abgeben kann und im Gegenzug dazu die Werfenweng-Vorteilscard erhält. Diese ermöglicht den Gästen die kostenfreie Nutzung eines Bahnhof-Hotel-Shuttles, eines Taxis oder die Nutzung eines elektrischen Leihwagens oder Fahrrads. Darüber hinaus werden Ausflugsfahrten, geführte Almwanderungen und Nordic Walking Touren organisiert. Das Resultat ist ein aktives, umweltschonendes und lärm- und stressfreies Urlaubserlebnis inmitten intakter Natur.

Mehr als 45 Betriebe des Beherbergungsgewerbes sind als SAMO-Betriebe ausgewiesen. Die Bandbreite erstreckt sich vom »Urlaub auf dem Bauernhof« über einfache Pensionen bis hin zu luxuriös ausgestatteten Chalets.

Quelle: www.hotelforum.org/awards/blue-hotel-award.html (Einsehdatum 09.05.2014)

Meeting Experts Green Award für das
Festspielhaus Bregenz.

GCB UND EVVC: NACHHALTIGKEITS-PREIS

Das German Convention Bureau (GCB) und der Europäische Verband der Veranstaltungs-Centren (EVVC) haben 2013 erstmalig die »Meeting Experts Green Awards« verliehen. Der Preis würdigt Nachhaltigkeit im Veranstaltungsbereich. Im Rahmen der »Green Meetings und Events Konferenz« wurden in Darmstadt folgende Preisträger geehrt: das Hannover Congress Centrum in der Kategorie »Energie-Management/Ressourcenschonung«, das Congress Center Leipzig mit dem ICCA Green Traffic Project als »Nachhaltige Veranstaltung«, das Festspielhaus Bregenz als »Nachhaltige Location«, Artlogic Crewpool für »Nachhaltiges Personal-Management« und das Besondere Orte Umweltforum Berlin als »Nachhaltiges Unternehmen«.

The Fairmont San Francisco, Kalifornien,
Öko-Spitzenreiter mit Gold-Status.

DAS GREEN-LEADERS-PROGRAMM VON TRIPADVISOR

Die Hotelbewertungsplattform TripAdvisor ermöglicht Reisenden ab sofort, durch die Einführung des Öko-Spitzenreiter-Programms, gezielt umweltfreundliche Hotels zu ermitteln. Qualifizierte Unternehmen sind auf TripAdvisor durch ein »Öko-Spitzenreiter« Widget gekennzeichnet. Durch Klick auf das Widget wird dem Gast ermöglicht in alle Öko-Geschäftspraktiken einzusehen. Das auf freiwilliger Basis entwickelte Programm hat sich Öko-Geschäftspraktiken wie Recycling, effizienter Wasserwirtschaft und alternativen Energien verschrieben und ermöglicht es, die Nachhaltigkeit in der Hotellerie zu fördern. Um an dem Programm teilzunehmen können, müssen sich Hotels und B&B bei TripAdvisor bewerben, akzeptiert werden und sich als Öko-Spitzenreiter oder Öko-Partner qualifizieren. Das Programm unterscheidet zwischen »Öko-Spitzenreiter« und »Öko-Partner«. Die Öko-Spitzenreiter können je nach Intensität der Öko-Geschäftspraktiken den Status Bronze, Silber, Gold oder Platin erreichen, wohingegen die Öko-Partner zunächst die Mindestanforderungen wie ein Programm zu Wiederverwendung von Handtüchern und Bettwäsche, die Verwendung von Energiesparlampen, Recycling oder die Nachverfolgung des Energieverbrauchs erfüllen müssen.

Quelle: www.green.tripadvisor.de (Einsehdatum : 22.05.2014)

FRAGEN ALS UMSETZUNGSUNTERSTÜTZUNG ZUM THEMA

»NACHHALTIGE KOMMUNIKATION«

ZENTRALE FRAGEN FÜR EINE ERFOLGREICHE UMSETZUNG	FÜR MEINEN BETRIEB NICHT RELEVANT, GEDANKE WIRD NICHT WEITER VERFOLGT.	RELEVANT, DER FRAGE WURDE BEREITS IM EIGENEN BETRIEB NACHGEGANGEN.	RELEVANT, DER FRAGE WIRD IM EIGENEN BETRIEB NACHGEGANGEN.
Verfügen Sie über eine Kommunikationsstrategie hinsichtlich Ihrer durchgeführten Nachhaltigkeitsmaßnahmen?			
Beachten Sie die Kommunikationsformel von Lasswell?			
Haben Sie Ihre Offline- und Online-Kommunikationsmittel im Hinblick auf Ihre Nachhaltigkeitsaktivitäten auf die verschiedenen Zielgruppen abgestimmt?			
Kennen Sie Marketingkooperationen in Bezug auf Nachhaltigkeit? Kommen sie für Ihren Betrieb in Betracht? Wenn nein, warum nicht?			
Können Sie aus den Sachverhalten der aufgeführten Praxisbeispiele für Ihr Haus etwas gewinnen?			

Das Holzhotel Forsthofalm Leogang, unter Apekten
der Nachhaltigkeit in massiver Holzbauweise errichtet,
wurde 2014 zur »Hotelimmobilie des Jahres« gewählt.

9 Fallstudien »Gelebte Nachhaltigkeit«

Die vorangegangenen Kapitel beleuchteten die verschiedenen Angriffspunkte für die erfolgreiche Umsetzung von Nachhaltigkeitsaspekten im gastgewerblichen Betrieb. Folgendes Modell kann eine Gedankenstütze darstellen, das diese zusammenfasst:

Es gibt eine ganze Reihe von Vorreitern der »grünen« Bewegung im Gastgewerbe. Nachfolgend geben ausgewählte Hoteliers und Gastronomen einen Einblick in ihr Nachhaltigkeitsverständnis bzw. ihre Nachhaltigkeitsarbeit.

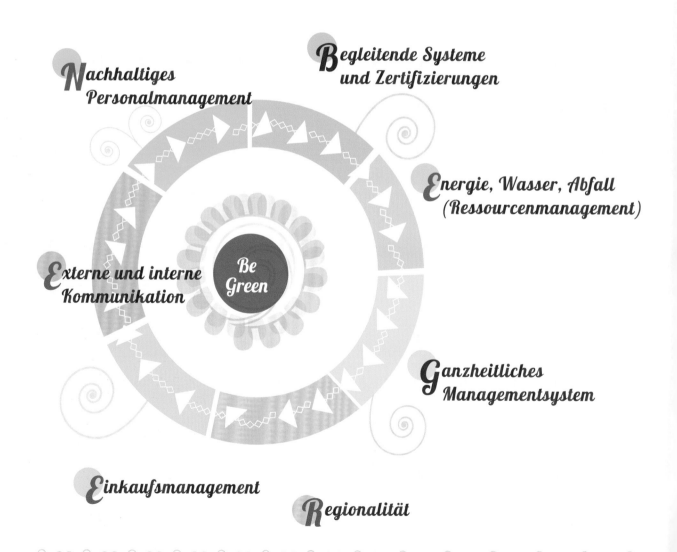

»Be Green« – Modell nach von Freyberg/ Gruner/ Hübschmann

NACHHALTIGES RESSOURCENMANAGEMENT IM
RHÖN PARK HOTEL AKTIV RESORT

INTERVIEW MIT BEN BAARS, GESCHÄFTSFÜHRENDER DIREKTOR
RHÖN PARK HOTEL AKTIV RESORT UND GESCHÄFTSFÜHRER B&G
HOSPITALITY MANAGEMENT SERVICES GMBH

Was bedeutet für Sie Nachhaltigkeit?

Nachhaltigkeit bedeutet für mich, dass wir bei neuen Investitionen in das Gebäude, insbesondere in Hinblick auf die verwendeten Baumaterialen, sowie auch bei den Geräten, die im operativen Geschäft zum Einsatz kommen, darauf achten, wo die Einzelteile unter welchen Bedingungen produziert werden. Wichtige Kriterien dabei sind der Verbrauch an Elektrizität sowie deren »Lebenszeitraum« bzw. »Lebensdauer«. Eingerichtete Geräte lassen wir zeitnah warten und streben dadurch eine Minimalisierung an zusätzlichem Verbrauch von Strom, Öl etc. an. Darüber hinaus setzen wir auf neue Technologien (LED) sowie andere Hilfsinstrumente wie Bewegungsmelder und achten auf Wärmerückgewinnung, z. B. bei Ankauf neuer Kühlzellen. Ein weiteres Anliegen ist die Reduktion des Wasserverbrauches, wofür wir unter anderem neue Duschköpfe einbauen; außerdem steht diesbezüglich die Entscheidung an, auf Badewannen im Zimmer zu verzichten. Erfreulicherweise sensibilisiert sich auch die Industrie für dieses Thema und versucht, über Leasing-Modelle die Hoteliers bei der Finanzierung zu unterstützen.

Aus welchen Gründen verfolgen Sie das Thema Nachhaltigkeit in Ihrer Hotelanlage?

Das gesamte Thema Umwelt liegt mir sehr am Herzen, nicht nur als Vertreter meiner eigenen Generation, sondern vielmehr in Hinblick auf die nachfolgenden Generationen. Nachhaltigkeit ist meiner

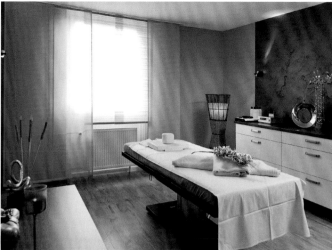

Meinung nach die Pflicht eines jeden Menschen, ganz gleich, ob man zu Hause oder in einem Hotel ist. Konkret bedeutet das, sich im Alltag an kleine, leicht einzuhaltende Regeln zu halten, z. B. kein Licht brennen lassen, wenn man nicht im Raum ist, keinen Herd anzustellen oder Wasserhahn laufen zu lassen, wenn man sie nicht braucht. Ein anderes Argument begründet sich aus wirtschaftlicher Sicht: Weniger (unnötiger) Verbrauch bedeutet für das Unternehmen weniger Betriebskosten, mehr Gewinn und dadurch auch mehr Möglichkeiten, neue Investitionen zu realisieren.

Herr Baars, Sie sind ein international erfahrener Hotelprojektentwickler und Experte für Hotelresorts. Von welchen ausländischen Hotelkonzepten kann die deutsche Hotellerie hinsichtlich der Nachhaltigkeitskonzepte lernen?

Nach meiner Einschätzung verfolgen die meisten der internationalen Hotelkonzerne das Thema Nachhaltigkeit mittlerweile sehr aktiv, da sie sich bewusst sind, welchen Einfluss nachhaltiges Handeln auf die Welt (letztendlich auch auf deren Geschäfte) hat. Bei den Hotel Groups InterContinental, Hilton International, Radisson SAS bestehen bereits separate Abteilungen, die sich allein mit diesem Thema und seiner Umsetzung beschäftigen. Ein Vorreitermodell stellt die österreichische Resortkette Explorer dar, die Nachhaltigkeit konsequent in vielen Bereichen zu 100 Prozent mit dem Stand neuester Technik umsetzt.

Zu welcher Vorgehensweise würden Sie Hoteliers raten, die ihren Betrieb trotz stark begrenzter Ressourcen nachhaltiger ausrichten möchten? Geben Sie bitte drei Tipps.

Als erste Initiative sollten solche Investitionen vorangetrieben werden, die eine kurzfristige ROI (Return on Invest) garantieren, deren Erfolge also nach kurzer Zeit bereits sicht- und merkbar sind, z. B. die Beleuchtung auf LED umstellen, den Wasserverbrauch durch kleine Erneuerungen wie effizientere Duschköpfe reduzieren. Investitionen solcher Art rechnen sich ziemlich schnell und sind einfach zu realisieren.

Nachhaltigkeit lässt sich aber nicht von heute auf morgen sofort und in allen notwendigen Bereichen umsetzen. Daher ist ein erfolgreiches Konzept die unabdingbare Basis für alle Folgetätigkeiten. In diesem Konzept wird errechnet und anhand eines Mehr-Jahre-Planes aufgezeigt, welche Maßnahmen wann umgesetzt und finanziert werden.

Als Hotelier ist man kein Energie-Fachmann, daher ist es wichtig, sich ein entsprechendes Expertenteam zur Seite zu stellen. Das bringt das entsprechende Know-How mit sich und ambitioniert auch das restliche Personal zu einem verantwortungsvollem Umgang. Bei einem Hotel-Neubau ist es selbstverständlich, in die Planung alle Möglichkeiten einzupflegen und entsprechend dazu die Fördermittel zu beantragen. Denn auch Investoren (Investment Funds) achten mehr und mehr auf Nachhaltigkeit, wozu es verschiedene Zertifizierungen gibt (LEED).

Abschließend bitte ich Sie um einen Blick in die Glaskugel. Welche drei Maßnahmen, die derzeit Beherbergungsbetriebe nur vereinzelt aufgreifen bzw. durchführen, werden im Jahre 2020 zum Standard gehören?

Diese Frage ist nicht so einfach zu beantworten. Ich bin der Meinung, dass die Hoteliers bereits darum bemüht sind, alle Möglichkeiten zu nutzen, denn schließlich hängt davon ein großer Kostenfaktor ab. Die Technik entwickelt sich stetig weiter, wodurch auch Investitionen in neue Technologien günstiger und die Realisierung von Maßnahmen einfacher werden. Allerdings ist es mir nicht möglich, konkrete Maßnahmen oder Technologien zu benennen, die bereits existieren, aber noch nicht eingesetzt werden.

NACHHALTIGES EINKAUFSMANAGEMENT IN
SCHILLINGS GASTHOF, SCHAPRODE

INTERVIEW MIT MATHIAS SCHILLING, EIGENTÜMER

Was bedeutet für Sie Nachhaltigkeit?

Für mich gibt es verschiedene Sichtweisen auf den Begriff Nachhaltigkeit. Einerseits global eine möglichst effiziente Verwendung von Produktionsmitteln oder die Nutzung nachwachsender Rohstoffe. Für unseren Betrieb gilt natürlich dasselbe, nur erweitert um die Abwägung, was für den Betrieb nachhaltig ist und ihn wirtschaftlich tragfähig macht. Also auch unter dem Gesichtspunkt der Gewinnmaximierung, um künftige Investitionen zu ermöglichen.

Weiter achten wir darauf, dass die Region, in der wir leben, touristisch interessant bleibt. Dies bedeutet unter anderem, dass kleine handwerkliche Produktionsbetriebe erhalten werden, denn nur Strand und Bett sind oft nicht genug.

Als ein Beispiel führe ich den Einkauf von Fisch bei regionalen Fischern zu guten Preisen an. Durch unseren Einkauf unterstützen wir die küstennahe Fischerei. Für uns bedeutet das einen höheren Arbeitsaufwand, da die Fische erst küchenfertig gemacht werden müssen; wir haben aber immer großartigen und frischen Fisch, zu dem wir eine »Geschichte« erzählen können. Wir helfen dadurch auch mit, dass eine Fangflotte im Hafen liegt, wie es von Touristen erwartet wird. Der Erhalt des von Touristen erwarteten Bildes eines Fischerdorfes erhöht auch die Attraktivität unseres Standortes direkt am Hafen.

Aus welchen Gründen verfolgen Sie das Thema Nachhaltigkeit in Ihrer Unternehmensstrategie?

Unser Betrieb ist aus einer Landwirtschaft heraus entstanden: ein Grünlandbetrieb mit 75 ha Fläche, auf dem wir Bio-Rindfleisch produzieren. Dieser Betrieb ist zu klein, um davon leben zu können, liegt aber auf der kleinen Insel Öhe vor Rügen. Es war also notwendig, bei der Vermarktung unserer landwirtschaftlichen Produkte in der Wertschöpfungskette in die Tiefe zu gehen.

Da wir in einer Touristenregion liegen, haben wir uns im Jahr 2009 entschlossen, einen Gasthof neben unserem Betrieb zu eröffnen. In diesem vermarkten wir seither unser eigenes Rindfleisch.

Einerseits verfolgen wir das Thema Nachhaltigkeit also aus persönlichem Interesse, andererseits aus der Notwendigkeit heraus, höhere Preise für eine begrenzte Menge an Produkten zu generieren, da wir einfach nicht mehr produzieren können. Durch die konsequente Umsetzung dieser Nachhaltigkeits- und Qualitätsziele hat sich dies zum Kern unseres Marketings entwickelt und ist unser USP.

In einem immer stärker werdenden Wettbewerb und einer immer größeren Saturiertheit der Konsumenten haben wir das Thema Nachhaltigkeit, neben dem Schaffen von Erlebnissen, zu unserer Kernstrategie gemacht.

Wie können Sie als Gastronom sichergehen, tatsächlich Produkte einzukaufen, die nicht nur einem »Green washing« unterzogen wurden?

Wir haben beim Einkauf eine betriebsinterne Rangfolge eingeführt.

a. Was wir selbst produzieren können, steht an erster Stelle. Bei uns ist dies Rind- und Lammfleisch. Hier verwenden wir nichts anderes, da es auch von uns erwartet wird. In Konsequenz bedeutet dies: »Wenn aus dann aus«, zugekauft wird nicht.

b. Regional: Es gibt nur einheimischen Fisch. Kartoffeln und Gemüse je nach Verfügbarkeit aus der direkten Nachbarschaft. Feste Lieferbetriebe, eher kleine Strukturen: Manufakturen und befreundete Landwirtschaftsbetriebe.

c. Nur was wirklich nicht anders geht, wird im Großhandel gekauft.

Bio-Produkte haben eine nicht so große Bedeutung. Unser Fleisch ist biologisch erzeugt und zertifiziert, aber wir bezeichnen es nicht, da es zwar in der Gastronomie die Einzelkomponentenauslobung gibt, aber der Betrieb doch zertifiziert sein müsste. Diesen Aufwand betreiben wir derzeit nicht.

Sind Ihre Gäste bereit, für nachhaltig erzeugte Lebensmittel einen höheren Preis zu bezahlen?

Durch unsere Wirtschaftsweise und die Möglichkeit, die Geschichte jedes unserer Produkte zu erzählen, haben wir sehr viel mediale Resonanz. So haben wir Artikel im Feinschmecker, im Slowfood, in der Bild der Frau und anderen Magazinen gehabt. Dazu kommen diverse Filme im NDR, ZDF und ARD etc.

Durch diese mediale Präsenz haben wir uns eine Klientel aufgebaut, die auf unseren Ansatz Wert legt und diesen auch honoriert. Es kommt also nicht so sehr auf den Preis, sondern auf das Produkt an. Natürlich müssen auch wir uns am Wettbewerb orientieren, aber sollte ein Gericht mal teurer sein, kann dies immer argumentiert werden und wird verstanden. Eine Preisdiskussion kennen wir eigentlich nicht. Eher »es ist nicht ganz günstig, aber sein Geld wert«. In einigen Bereichen, wie bei unserem Steak, spielt der Preis quasi gar keine Rolle, sondern es gibt nur die Frage: »Habt ihr welches oder ist es aus?«. Auf die begrenzte Menge Steak weisen wir im Übrigen schon gleich in der Karte hin. Einige Gerichte wie unser Rinds-Burger haben bei den Gästen schon Kult-Status erlangt. Der Preis wird sich allerdings nie ändern, da er ein Preisindikator für den Laden geworden ist.

Welche Maßnahmen in Bezug auf Nachhaltigkeit planen Sie in Zukunft?

Wir werden versuchen, bei der Vermarktung unserer Rinder über die Gastronomie weiter in der Tiefe zu gehen. Ein Stichwort soll hierbei »noose to tail eating« sein.

Es wird ein Ökostromvertrag abgeschlossen werden. Die Einsparung von Wasser, Strom und Gas soll dokumentiert werden, um Vergleichswerte zu haben und um es auch kommunizieren zu können.

Außerdem planen wir eine weitere Vermeidung von Müll, wenngleich viele unserer Produkte bereits heute überhaupt nicht verpackt sind.

Wir schließen Partnerschaftsverträge mit dem Nationalpark Vorpommersche Boddenlandschaft ab und unterstützen das NABU und den BUND, um das Bewusstsein der Verbraucher und das unserer Kunden weiter zu schärfen.

Und wir kümmern uns um die Werbung für unsere Ansätze, besonders beim Fischeinkauf ansässiger Gastronomen, denn mit vielen wird natürlich mehr erreicht.

REGIONALITÄT IM HOTEL & WELLNESS-REFUGIUM DAS KRANZBACH

INTERVIEW MIT KLAUS KING, DIREKTOR

Was bedeutet für Sie Nachhaltigkeit?

Nachhaltigkeit ist für uns ein Leitmotiv; es wird im Kranzbach insbesondere in ökologischer Hinsicht gelebt. Es gibt mittlerweile unzählige Beispiele hierfür in unserem Haus: Das ökologische Bauen im Neubau, die Energieumstellung von Heizöl auf CO_2-freies Gas, der Bau einer Solaranlage zur Energiegewinnung für unser Badehaus, der Bau einer Abwasserleitung ins benachbarte Klais und die damit verbundene Schließung der eigenen Kläranlage, der Abbau der Hochstromleitung und die Verlegung unter die Straße, der Bau eines eigenen Umspannwerkes und der Rückbau geteerter Flächen sind Aktivitäten, die unserem Anspruch gerecht werden sollen, eines der »nachhaltigsten Hotels Deutschlands« zu sein. Wir hören auch nicht auf, weiterzudenken. Eine Elektrotankstelle für Autos und Fahrräder haben wir bereits realisiert. Eines unserer jüngsten Themen ist die Planung mehrerer Blockheizkraftwerke und einer Photovoltaik-Anlage.

Aus welchen Gründen verfolgen Sie das Thema Nachhaltigkeit in Ihrem Betrieb?

Zum einen ist es unsere tiefe Überzeugung, etwas Richtiges zu tun. Außerdem sehen wir es als unsere Pflicht gegenüber unserer Umwelt und auch der nachfolgenden Generationen an. Unsere Gäste stimmen dieser Sichtweise zu.

Wie zeigt sich das Thema »Regionalität« in Ihrem Haus?

Eigentlich ist alles »regional« bei uns. Beim An- und Umbau bzw. im Innendesign der Immobilie achten wir auf regionale Zulieferer und heimische Materialien, z. B. beim Eichenvollholzparkett. Unsere komplette Außenfassade im Neubau und Badehaus sowie auch die Wandverkleidungen in den Zimmern wurden aus heimischen unbehandelten Lärchenhölzern hergestellt. In unserer Küche verwenden

wir überwiegend regionale und saisonale Produkte höchster Qualität, gesicherter Herkunft, von Tieren artgerechter Haltung. Auch verarbeiten wir für die Fleischgerichte in unseren Menüs nicht nur die »edlen Filetstücke«, sondern möglichst alle Teile. Unsere Küchenkräuter kommen aus dem eigenen Kräutergarten. Die Kranzbachquelle liefert das komplette Wasser für alle Hotel- und Mitarbeitereinrichtungen. Wir achten darauf, dass die Zulieferwege von Produkten so kurz wie möglich sind. Wir unterhalten eine Einkaufskooperation mit unserem benachbarten Hotel. Auch im Bereich der Anlieferung haben wir uns mit unserem Nachbarn auf wenige gemeinsame Liefertage beschränkt, um den Verkehr und den damit verbundenen Schadstoffausstoß in unserem schönen Bergtal so gering wie möglich zu halten.

Sind mit Regionalität auch Herausforderungen bzw. Probleme verbunden?

Natürlich kostet die Verfolgung dieses Themas zum einen Geld, aber auch Zeit. Zeit in erster Linie bei der Auswahl und der späteren Qualitätskontrolle. Nur wenn die Qualität der Lebensmittel stets hoch ist, haben wir Erfolg. Leider kommt es ab und an vor, dass wir Zulieferer wechseln müssen, da sie unsere Kriterien dauerhaft nicht erfüllen können.

Wie erfährt der Gast von Ihrem »nachhaltigen« Tun?

Wir haben über 100 sogenannte Green Facts entwickelt. Eine Auswahl von 21 Facts haben wir für unsere Gäste auf einer Tafel im Haus zusammengeschrieben. Vieles, wie z. B. die Regionalität unserer Küche, erfährt der Gast nicht schriftlich, sondern persönlich, und wir sind der Überzeugung, dass er es auch spürt bzw. schmeckt. Wichtig ist bei der Kommunikation im Übrigen, dass man seine Gäste nicht belehrt, schließlich sind unsere Gäste im Urlaub. Der ein oder andere Hinweis ist dennoch wichtig und wird von den Gästen auch als Erkenntnisgewinn wahrgenommen.

NACHHALTIGES PERSONALMANAGEMENT BEI DEN
GEISEL PRIVATHOTELS

INTERVIEW MIT THOMAS KÖSTERS, KAUFMÄNNISCHER DIREKTOR

Was bedeutet für Sie Nachhaltigkeit?

Seit über 100 Jahren sind die Geisel Privathotels fest in der Stadt München verwurzelt. Die Gruppe besteht aus vier Hotels, vier Restaurants, die sich größtenteils in den Hotels befinden, sowie einem exklusiven Weinladen – und wird heute in vierter Generation von den Brüdern Carl, Michael und Stephan Geisel geführt. Für uns als Familienunternehmen bedeutet Nachhaltigkeit, den Erfolg dieses Unternehmens für die nachfolgenden Generationen möglichst langfristig zu sichern.

Dabei geht es natürlich bis zu einem gewissen Grad um wirtschaftliche Gesichtspunkte. Als mindestens genauso wichtig erachten wir inzwischen jedoch die Bestrebungen, im kleineren Rahmen den Mitarbeitern gegenüber ein verantwortungsvoller Arbeitgeber zu sein und im Großen eine gewisse soziale wie auch ökologische Verantwortung für die Umwelt zu übernehmen, in der wir leben.

Aus welchen Gründen verfolgen Sie das Thema Nachhaltigkeit in Ihrem Betrieb?

Gerade in der Hotellerie ist der Mitarbeiter ein zentraler Faktor bei der Erbringung der Dienstleistung für den Gast. Wie schon ihre Urgroßeltern haben auch die drei Geisel-Brüder den Anspruch, den Gästen ausgezeichnete Unterkünfte, besondere gastronomische Erlebnisse, einen persönlichen Service und viel Privatsphäre zu bieten. Um

diesem Anspruch noch viele Jahre gerecht zu werden, zählen wir auf unsere Mitarbeiter, und aus diesem Grund steht bei vielen unserer täglichen Aktivitäten und Entscheidungen der Mensch im Vordergrund. Dies ist für uns kein Marketingansatz, sondern ein grundlegender Teil unserer Unternehmensphilosophie, die von allen Mitarbeitern gelebt werden soll.

Auch das Thema Fachkräftemangel, das die Hotelbranche in den letzten Jahren beherrscht, spielt für uns in der Ausrichtung eine Rolle. In einer repräsentativen Studie des Beratungsunternehmens Universum mit 20.000 befragten Studenten gaben 33 Prozent an, dass sie bei der Arbeitgeberwahl auf das Corporate Social Responsibility (CSR) Programm des Unternehmens achten. 30 Prozent gaben außerdem an, dass sie auf hohe ethische Standards achten. Obwohl Studenten nicht die primäre Zielgruppe für Arbeitsstellen in Hotels sind, zeigt die Studie dennoch, dass das Thema CSR bei Bewerbern künftig einen immer größeren Einfluss bei der Arbeitgeberwahl einnehmen wird. Diese Entwicklung bestätigt uns nur darin, dass wir bei den Geisel Privathotels mit der unserem Handeln zugrunde liegenden Philosophie auf einem guten Weg sind, zukünftige Anforderungen zu erfüllen.

Welche Maßnahmen haben Sie im Bereich nachhaltiges Personalmanagement in den letzten Jahren unternommen?

Da wir uns als treibende Kraft gegen den weitreichenden Trend zur Standardisierung sehen, möchten wir auch im Bereich Nachhaltigkeit einen Beitrag leisten, der unsere Individualität hervorhebt.

Daher ermutigen wir unsere Mitarbeiter in den jeweiligen Abteilungen, nachhaltige Entscheidungen zu treffen. Wir glauben, dass dieser dezentrale Ansatz oftmals wichtiger ist als eine zentral gesteuerte Nachhaltigkeitspolitik.

Bei aller gelebten Tradition in unserem familiengeführten Unternehmen möchten wir uns aber natürlich auch neuen Möglichkeiten nicht verschließen. Da wir mehr im Bereich Nachhaltigkeit unternehmen wollten, haben wir uns 2012 entschieden, mit dem Unternehmen KATE und der Organisation TourCert am Pilotprojekt einer CSR-Zertifizierung für Unterkünfte zu arbeiten. Neben Aspekten wie Umweltdaten (Energie und Emissionen, Wasserverbrauch, Abfalltrennung und -vermeidung, Einsatz von Chemikalien und die Beschaffung von Produkten) waren hier auch Komponenten mit Personalbezug entscheidend für die Zertifizierung – beispielsweise die Mitarbeiterzufriedenheit und das Thema Mitarbeiter-Empowerment.

Die Verantwortung für die Umsetzung und Integration der Maßnahmen in den verschiedenen Abteilungen trägt das CSR-Team: fünfzehn Mitarbeiter aus unterschiedlichen Abteilungen und Hierarchiestufen wurden von den Abteilungsleitern nominiert. Die Teilnehmer

Die Auszubildenden der Geisel Privathotels sind in die Nachhaltigkeitspolitik des Unternehmens eingebunden.

absolvierten mehrere Workshops zum Thema Nachhaltigkeit und treffen sich seitdem einmal im Quartal, um sich über Ergebnisse der von ihnen initiierten Maßnahmen im Unternehmen zu informieren.

Unsere Anstrengungen wurden belohnt: Im Rahmen der ITB Berlin erhielten im März 2013 mit dem Hotel Excelsior, dem anna hotel und dem Hotel Cosmopolitan gleich drei unserer Betriebe das angesehene »CSR-Tourism Certified«-Siegel.

Welchen Stellenwert hat die Weiterbildung in Ihrem Betrieb? (Wie hoch ist z. B. Ihr prozentualer Aufwand von Weiterbildungsmaßnahmen im Vergleich zum Personalaufwand)?

Bei den Geisel Privathotels legen wir großen Wert auf Fachwissen und Erfahrungen, um dem Gast einen hohen Servicestandard zu bieten. Daher ist der Anteil an Fachkräften in allen vier Hotels vergleichsweise hoch. Abgesehen davon haben die kontinuierliche Förderung der Mitarbeiter sowie die Aus- und Weiterbildung Priorität bei der Familie Geisel. Es wurden Kooperationen mit Berufsakademien eingegangen und Mitarbeiter bei berufsbegleitenden Weiterbildungen unterstützt, beispielsweise zum Bilanzbuchhalter oder zur Hauswirtschafterin. Schulungen für Führungskräfte mit externen Trainern führen zu regelmäßigen Mitarbeiterbeurteilungen sowie einer jährlichen Mitarbeiterbefragung mit Auszeichnung der besten Führungskräfte. Um die Bemühungen in diesem Bereich zu verstärken, wurde ab April 2012 eine Schulungsflatrate bei dem Institute for Hospitality Management® für alle Mitarbeiter eingerichtet. Zusätzlich zu der Schulungsgebühr werden die Anreise und eine Übernachtung für jeden Mitarbeiter bis zu dreimal im Jahr bezahlt.

Im Fokus steht auch die Nachwuchsförderung. Von den 70 Auszubildenden im Unternehmen (Hotelfachmann/-frau, Hotelkaufmann-/frau, Koch/Köchin, Restaurantfachmann-/frau) schließen die meisten ihre Ausbildung mit der IHK-Auszeichnung ab. Über 20 Mitarbeiter konnten zudem ihren Ausbilderschein im Unternehmen erwerben und betreuen die Auszubildenden. Dazu kommen interne und externe Schulungen für die Auszubildenden (unter anderem zum Thema Beschwerdemanagement oder zu fachlichen Themen wie Tee-/Kaffee-/Rum-Schulungen), zahlreiche Traineeprogramme, aber auch teambildende und motivationsfördernde Ausflüge, wie Wildwasser-Rafting oder Brauereibesichtigungen.

Um Mitarbeitern bessere Aufstiegschancen zu bieten, beschäftigt sich die von den Geisel Privathotels initiierte Kooperation **www.die-privathoteliers.de**, gemeinsam mit den Partnern Schloss Elmau, Kull & Weinzierl, Das Kranzbach und die Sonnenalp außerdem mit den

Themen Mitarbeiteraustausch, Schulungen sowie Stellenausschreibungen. Ziel ist es, gemeinsam Synergien zu erzielen und diese an die Mitarbeiter weiterzugeben.

Wie stellen Sie sicher, dass Sie gute Arbeitsbedingungen für alle Mitarbeiter bieten?

Die Zufriedenheit der Mitarbeiter beeinflusst direkt die Zufriedenheit der Gäste, daher ist uns sehr daran gelegen, sie zu erhalten. Vor diesem Hintergrund führen wir jedes Jahr eine extern ausgeführte Mitarbeiterbefragung durch. Im Jahr 2013 wurde die Gesamtnote 1,85 verliehen mit einer Steigerung von einer halben Note zum Vorjahr.

Wir sind davon überzeugt, dass die Arbeitsbedingungen eine bedeutende Rolle für die Mitarbeiterzufriedenheit spielen. Die administrative Führungscrew versteht sich als interner Dienstleister im Unternehmen und verfolgt neben den operativen Aufgaben einen ganzheitlichen strategischen Ansatz. Wir bauen sukzessive die fünf Kernbereiche Arbeitsplatz, Benefit-Leistungen, Freizeit, Wohnen sowie Weiterentwicklung der Mitarbeiter aus, um das Leben unserer Mitarbeiter so angenehm wie möglich zu gestalten.

Unsere HR 5-Säulen Strategie:

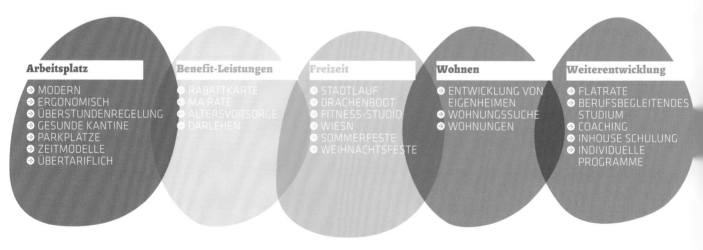

Arbeitsplatz
- MODERN
- ERGONOMISCH
- ÜBERSTUNDENREGELUNG
- GESUNDE KANTINE
- PARKPLÄTZE
- ZEITMODELLE
- ÜBERTARIFLICH

Benefit-Leistungen
- RABATTKARTE
- MA RATE
- ALTERSVORSORGE
- DARLEHEN

Freizeit
- STADTLAUF
- DRACHENBOOT
- FITNESS-STUDIO
- WIESN
- SOMMERFESTE
- WEIHNACHTSFESTE

Wohnen
- ENTWICKLUNG VON EIGENHEIMEN
- WOHNUNGSSUCHE
- WOHNUNGEN

Weiterentwicklung
- FLATRATE
- BERUFSBEGLEITENDES STUDIUM
- COACHING
- INHOUSE SCHULUNG
- INDIVIDUELLE PROGRAMME

Ähnlich wie bei anderen Stadthotels, beträgt der Frauenanteil bei den Geisel Privathotels rund 50 Prozent – im Unternehmen, aber auch, was die Führungskräfte angeht. Gleichberechtigung von Männern und Frauen ist Teil unserer Unternehmensphilosophie und wird auch durch die Personalabteilung überwacht. Ein weiterer Faktor sind MigrantInnen, die durchschnittlich 34 Prozent unserer Arbeitnehmer stellen. Da ist gegenseitiger Respekt unter den verschiedenen Kulturen absolut erforderlich und aus diesem Grund auch Teil des Mitarbeiter-Leitbildes.

Generell spielt natürlich die Förderung des Betriebsklimas eine Rolle. Die Familie Geisel bietet allen Mitarbeitern die Möglichkeit, unter der Flagge der Geisel Privathotels an öffentlichen Veranstaltungen, wie dem Stadtlauf B2RUN oder dem Drachenbootrennen, teilzunehmen. Zudem werden eigene Mitarbeiterveranstaltungen zum Teambuilding organisiert, z. B. der jährliche Oktoberfestbesuch, Sommerfeste für die Mitarbeiter und gemeinsame Fußballabende während der Europa- oder Weltmeisterschaft.

Es ist ein persönliches Anliegen der Familie Geisel, Mitarbeiter auch finanziell an das Unternehmen zu binden. Beispiele sind regelmäßige Boni, Prämien, Geburtstags- und Betriebsjubiläumsgeschenke sowie die Zahlung von Weihnachtsgeldern – auch in Krisenjahren. Sind Abteilungen aufgrund besonderer Ereignisse mehr als üblich gefordert, wird den Mitarbeitern auch besonders gedankt. Beispielsweise erhielten die Zimmermädchen nach den harten Sommermonaten alle eine Bonuszahlung mit einem persönlichen Dankesbrief der Geschäftsleitung. Auch im sozialen Bereich engagiert sich die Familie Geisel, unter anderem mit der Schaffung von Teilzeitmodellen für Mütter, der Beteiligung an Kinderbetreuungsplätzen, der betrieblichen Altersvorsorge und der Zahlung von vermögenswirksamen Leistungen. Darüber hinaus wurde ein Benefit-Programm für Mitarbeiter ins Leben gerufen, durch das sie Einkaufsvergünstigungen bei namhaften Kooperationspartnern in der Umgebung sowie im Internet erhalten.

Dazu wurden im vergangenen Jahr allein 35 Arbeitsplätze für Büromitarbeiter mit neuester Ausstattung und modernster Technik geschaffen.

Trotz all dieser Aspekte erwähnen Mitarbeiter immer wieder, dass einer der wichtigsten Gründe für die Treue bei Geisel Privathotels der enge Kontakt und die langjährigen Freundschaften mit Kollegen und Vorgesetzten sind.

NACHHALTIGE SYSTEME UND ZERTIFIZIERUNGEN BEI SCANDIC

INTERVIEW MIT INGER MATTSSON, DIRECTOR SUSTAINABLE BUSINESS

Was bedeutet für Sie Nachhaltigkeit?

Unser Ziel ist es, die Gesetzgebung und die Erwartungen der Gäste bei diesem Thema zu überbieten und dadurch den ökologischen und sozialen Druck auf die Gesellschaft zu erleichtern.

Aus welchen Gründen verfolgen Sie das Thema Nachhaltigkeit in Ihrem Betrieb?

Aus verschiedenen Gründen. Einmal geht es uns darum, Ressourcen, darunter auch Kosten, einzusparen sowie zukünftige Risiken wie neue ökologische Standards und Gesetze zu vermeiden. Zudem möchten wir nachhaltig bewusste Kunden und Mitarbeiter anziehen und an uns binden. Ein weiterer Grund ist auch die Vermeidung von Krisen und der natürliche Drang, etwas Gutes für die Welt zu tun.

Was sind Ihrer Meinung nach die Vorteile für Hotels, wenn Sie sich für ein nachhaltiges System und Zertifizierung entscheiden?

Die nachhaltigen Systeme, mit denen wir arbeiten, haben den Vorteil, dass sie uns in einfachen und effizienten Schritten helfen, nachhaltiger zu werden. Es wird genau angegeben, was und wie viel von unserer Seite getan werden muss. Wir glauben auch, dass es von großem Vorteil für uns und für unsere Glaubwürdigkeit ist, dass die Zertifizierung von einer externen Institution vergeben wird. Zertifizierungen helfen Kunden bei der Auswahl des richtigen Hotels.

Welche Kriterien sind für Sie wichtig für die Auswahl eines geeigneten Nachhaltigkeitssystems oder einer Zertifizierung?

Es ist für uns wichtig, dass die Zertifizierung im Markt bekannt und respektiert ist sowie als anspruchsvoll (vor allem in den Augen der Gäste) betrachtet wird. Idealerweise wird das System als das beste System in der Klasse gesehen, sodass unsere Bemühungen und hohen Standards anerkannt werden.

Wie sehen Sie die Zukunft von nachhaltigen Systemen und Zertifizierungen? Werden Sie an Bedeutung in den nächsten 5 Jahren gewinnen oder verlieren?

Wir glauben fest daran, dass nachhaltige Systeme in den nächsten Jahren stark an Bedeutung für die Hotellerie gewinnen werden. Gäste werden die Marketingversprechen von Unternehmen und Produkten nicht mehr akzeptieren, wenn die eigenen Betriebe ihre Bemühungen selbst einschätzen und bewerten. Nur wenn es eine objektive Einschätzung in Form einer Zertifizierung gibt, kann das Vertrauen der Gäste gewonnen werden.

NACHHALTIGE KOMMUNIKATION IN DEN EXPLORER HOTELS

INTERVIEW MIT KATJA LEVERINGHAUS, GESCHÄFTSFÜHRERIN

Wie ist die Idee für die »Explorer Hotels« entstanden?

Ursprünglich wollten wir die Verwaltungszentrale unseres Unternehmens am Standort Oberstdorf bauen. Dann kam die Idee auf, für Schulungszwecke Zimmer anzubauen – und aus diesen Zimmern ist dann eine ganze Hotelmarke geworden.

Allerdings haben wir uns schon seit längerer Zeit mit der Entwicklung eines derartigen Konzepts befasst und wollten als Antwort auf das veränderte Reiseverhalten im Tourismus in den letzten Jahren etwas »Anderes« schaffen. Aus diesem Grund haben wir uns ursprünglich unter dem Arbeitstitel »Alpenibis« damit befasst und ein neues Produkt in der designorientierten Budgethotellerie geschaffen.

Was bedeutet für Sie Nachhaltigkeit?

Nachhaltigkeit ist mittlerweile das am meisten missbrauchte Wort in der Hotellerie und hat damit Wellness bereits abgelöst. Für uns ist Nachhaltigkeit aber kein Marketing-Scherz, sondern umfasst alle Unternehmensbereiche und geht weit über die ökologischen Aspekte hinaus. Ebenso wichtig wie ökologische Punkte sind für uns die soziale und wirtschaftliche Nachhaltigkeit unserer Häuser. Wir haben unsere Hotels beispielsweise 365 Tage im Jahr geöffnet und bieten somit eine ganzjährige Arbeitsplatzgarantie. Wir achten darauf, dass wir ansässige Firmen mit dem Bau unserer Hotels beauftragen, und beziehen, wenn möglich, alle Produkte aus der Region.

Aus welchen Gründen verfolgen Sie das Thema Nachhaltigkeit in Ihrem Betrieb?

Als Gastgeber in der Alpenregion sind wir stets in Orten vertreten, in die Gäste kommen, um die Natur zu erleben. Wir sehen es daher als

zentrale Aufgabe, unsere »Basislager« im Einklang mit der Natur zu gestalten und in das natürliche Gesamtbild zu integrieren.

Ein anderer Aspekt ist, die vorhandenen Ressourcen der Destination
möglichst effizient zu nutzen. Unsere Gäste verbringen die meiste Zeit
in der Destination und nutzen die bereits vorhandene Infrastruktur.
Wir bieten somit nur die Basisleistungen (mit ansprechendem Zimmer,
reichhaltigem Frühstücksbuffet, Bar und Fitnessbereich); für Leistungen darüber hinaus empfehlen wir ansässige Institutionen (z. B. Restaurants, Schwimmbad) und arbeiten mit örtlichen Verleihern zusammen.
Wir schaffen dadurch schlanke Strukturen in unserem Unternehmen
und stärken gleichzeitig die ansässige Wirtschaft.

Wo zeigt sich überall Nachhaltigkeit in Ihren Häusern?

Als zertifiziertes Passivhaus haben wir bauartbedingte Besonderheiten,
z. B. eine Außenwandstärke von 25 cm plus 26 cm Isolierung, 3-fach-ver-
glaste Spezialfenster und eine sehr aufwendige Lüftungsanlage. Darüber hinaus nutzen wir eine großflächige Photovoltaik-Anlage zur
Stromversorgung und eine Solaranlage zur Warmwasserproduktion.
Zusätzlich benötigte Energie gewinnen wir ausschließlich aus Biogas,
Pellets und anderen ökologischen Rohstoffen und beziehen ausschließlich Ökostrom. So schützen wir nicht nur die Umwelt, sondern haben
zusätzlich enorme wirtschaftliche Sparpotenziale.

Wir versuchen unsere Mitarbeiter zu sensibilisieren und bieten Schulungen zum Thema Nachhaltigkeit. Wir wollen außerdem zu einer ge-
sunden und nachhaltigen Entwicklung der Destination beitragen und
arbeiten daher sehr eng mit anderen Akteuren und Dienstleistern der
Region zusammen, beispielsweise beim Bau der Gebäude sowie beim
Einkauf von Waren oder Dienstleistungen.

Wie und über welche Online- und Offline-Kanäle kommunizieren Sie »Nachhaltigkeit«?

Wir haben unsere Hotels primär im Budget-Design-Segment mit dem
Fokus auf sportliche Zielgruppen positioniert. Unser Nachhaltigkeits-
konzept »GREEN« ist aber von Beginn an ein fester Bestandteil unserer
Marke und findet sich in allen Bereichen von der Webseite bis zur Au-
ßenfarbe der Hotels wieder.

Wir versuchen, den Spagat zwischen Aufklärung und Erholung der Gäste zu meistern. Wir achten auf alle relevanten Details, wir verzichten
aber in vielen Fällen auf die Kommunikation nach außen, da oft ein sehr
hoher Aufklärungsbedarf besteht. Wir wollen unsere Gäste nicht über-
fordern oder belehren. Wir geben unseren Gästen aber die Möglichkeit,
sich umfassend über das Thema zu informieren. An unserer »Explorer

Wall« (großer Multi-Touchscreen in der Hotellobby) oder auf unserer Webseite gibt es zu diesem Thema jeweils eine eigene Rubrik mit vielen Erklärungen.

Welche »Nachhaltigkeits-Zertifikate« und Siegel haben Sie? Auf welche sind Sie besonders stolz?

Unsere Explorer Hotels sind die ersten zertifizierten Passivhaus-Hotels Europas und arbeiten dabei zu 100 Prozent klimaneutral. 2013 haben wir den 1. Platz des »Deutschen Tourismuspreis« gewonnen, die höchste Auszeichnung der Branche. Wir sind alle sehr stolz darauf und sehen uns mit unserem zukunftsweisenden und nachhaltigen Hotelkonzept der Explorer Hotels bestätigt.

Ist Nachhaltigkeit ein Buchungskriterium für Ihre Gäste?

Für unsere Individualreisenden ist Nachhaltigkeit weniger buchungsentscheidend, im Meeting- bzw. Seminarbereich »Green-Meeting« aber sehr oft Entscheidungsgrundlage für die Buchung.

Sehen Sie sich zu klassischen Vermietern in Konkurrenz?

Nein, durch die Größe und Ausrichtung unserer Häuser sprechen wir eine andere Zielgruppe an. Wir erreichen unsere Gäste auf den neuen Vertriebswegen und bieten Ihnen die Möglichkeit, spontan zu sein und auch noch am Freitagabend ein Zimmer für das Wochenende zu buchen. Das zeigt sich auch daran, dass ca. 70 Prozent unserer Gäste zum ersten Mal die Destination besuchen und die durchschnittliche Aufenthaltsdauer unter zwei Tagen liegt.

EINFÜHRUNG EINES UMWELTBEWUSSTEN MANAGEMENTS IM
THE MANDALA HOTEL

INTERVIEW MIT CHRISTIAN ANDRESEN, GESCHÄFTSLEITUNG

Was bedeutet für Sie Nachhaltigkeit?

Das The Mandala Hotel ist eine umweltbewusste Organisation. Daher ist Nachhaltigkeit ein sehr wichtiges Thema für uns. In diesem Sinne leben und arbeiten wir. Unter Nachhaltigkeit verstehen wir sowohl ökologische Aspekte, wie Energie- und Abfallmanagement, Abwasserwirtschaft und die Reduktion von Treibhausgasemissionen, als auch soziales und kulturelles Engagement. Dabei widmen wir uns nicht nur dem internen Umweltmanagement, sondern ebenfalls unserem CO_2 Fußabdruck, welchen wir u.a. durch den Kauf von ökologisch nachhaltigen und lokal bezogenen Produkten stetig zu reduzieren versuchen. Zu diesen Themen wurde im Unternehmen eine Nachhaltigkeitsrichtlinie entwickelt, welche wir jährlich überprüfen und welche die Basis unseres Handelns darstellt.

Aus welchen Gründen verfolgen Sie das Thema Nachhaltigkeit in Ihrem Betrieb?

Nachhaltigkeit ist für uns als Geschäftsführung eine Herzensangelegenheit. Überall dort, wo wir als Unternehmen auf die Umwelt einwirken, möchten wir möglichst nachhaltig handeln, um unseren Einfluss so gering wie möglich zu halten. Außerdem haben unsere Kunden und Gäste heutzutage höhere Erwartungen hinsichtlich des Umweltengagements eines Unternehmens und legen verstärkt Wert auf umweltbewusste Unternehmenspraktiken. Ein weiterer wichtiger Grund ist die Motivation unserer Mitarbeiter. Diese sind stolz, für ein Unternehmen zu arbeiten, das sich für nachhaltige Themen einsetzt und ihnen zugleich die Möglichkeit bietet, sich selbst daran zu beteiligen.

Warum haben Sie sich bei der Einführung Ihres nachhaltigen Managementsystems an einen externen Berater gewandt?

EarthCheck wurde von der australischen Regierung gegründet und ist ein weltweit anerkanntes und angesehenes Benchmark und Zertifizierungsprogramm für die Reise- und Tourismusbranche und unterstützt die Betriebe bei ihrem Kosten- und Risikomanagement. Wir haben uns für EarthCheck als Partner entschieden, da diese uns ein professionelles unabhängiges Auditsystem sowie eine langfristige Zusammenarbeit und Entwicklung bieten. Unser Partner unterstützt uns dabei, das Thema Nachhaltigkeit und Umweltmanagement zu strukturieren und in verschiedenen Phasen anzugehen, was die Arbeit um ein Vielfaches erleichtert und zu einem spannenden Projekt gestaltet. Es zeichnet sich vor allem durch ein hochmodernes onlinebasiertes System aus sowie kompetente und zuverlässige Ansprechpersonen, die uns jederzeit zur Verfügung stehen. Durch die Zusammenarbeit ist es uns möglich, ein professionelles Benchmark durchzuführen, welches uns aufzeigt, wo unser Unternehmen steht, welche Verbesserungspotenziale bestehen und wie andere Unternehmen zum Thema Nachhaltigkeit agieren.

Welche Kriterien empfehlen Sie für die Auswahl eines geeigneten Partners?

Bei der Auswahl eines geeigneten Partners spielen sowohl »harte« Faktoren wie Aufbau und Modernität des Programms, als auch »weiche« Faktoren wie Zuverlässigkeit, Unabhängigkeit und Transparenz eine wichtige Rolle, um eine effiziente und erfolgreiche Zusammenarbeit zu gewährleisten. Der Partner sollte in der Lage sein, eine professionelle und umfassende Benchmarkauswertung zur Verfügung zu stellen, welche es dem Unternehmen ermöglicht, einen Vergleich mit ähnlichen Unternehmen der Branche darzustellen, und Verbesserungspotenziale aufdeckt. Ein weiteres Kriterium ist die Zertifizierung durch eine unabhängige Auditfirma.

Wie haben Sie Ihre Mitarbeiter zu dem Veränderungsprozess motiviert und wie stellen Sie sicher, dass dieser fortgesetzt wird?

Die Geschäftsführung hat eine für das Projekt verantwortliche Person ernannt, den EarthCheck Koordinator. Ein Greenteam, welches aus freiwilligen Mitarbeitern aus allen Bereichen besteht, wurde zur Unterstützung des EarthCheck Koordinators aufgestellt. Sowohl die Geschäftsführung, der EarthCheck Koordinator als auch das Greenteam wurden von EarthCheck bezüglich Nachhaltigkeit im Unternehmen geschult. Anschließend wurde jeder Bereich des Hotels vom EarthCheck Koordinator zum Thema Nachhaltigkeit im Unternehmen geschult. Den Mitarbeitern wurde der aktuelle Stand erläutert, welche Pläne und Ziele wir verfolgen und wie sie sich selbst engagieren können. Ihnen wurde die Wichtigkeit des Themas verdeutlicht und dass eine Verbesserung der Praktiken und Umsetzung der Maßnahmen nur dann stattfinden kann, wenn jeder Mitarbeiter aktiv mitwirkt und seine Ideen einbringt.

Durch unser internes Verbesserungsmanagement wird jeder Bereich des Hotels dazu aufgefordert, monatlich mindestens einen Verbesserungsvorschlag zum Thema Nachhaltigkeit zu unterbreiten. Vorschläge werden in unser Kennzahlensystem aufgenommen, um die Umsetzung und den kontinuierlichen Verbesserungsprozess in Themen der Nachhaltigkeit überprüfen zu können. Des Weiteren gibt es wöchentliche Aushänge mit Informationen über aktuelle ökologische, soziale oder kulturelle Themen, welche die Mitarbeiter zum nachhaltigen Denken anregen und ihnen das Thema Nachhaltigkeit konstant vermitteln. Mit dem Greenteam werden regelmäßige Meetings abgehalten, um die Fortschritte und aktuelle Themen im Hotel zu besprechen. Durch monatliches Monitoring unserer Energie- und Abfallbilanzen kann unser Verbesserungsprozess stetig überprüft werden, um langfristig unsere Ziele zu erreichen. Eine Balanced Score Card* dient zur Festlegung, Messung und Überprüfung der strategischen Ziele zum Thema Nachhaltigkeit. Im Rahmen eines Jahreszieleworkshops werden Handlungsschritte im jährlichen Rahmen festgelegt, überprüft und auf die Bereiche und Mitarbeiter heruntergebrochen. Alle zwei Jahre überprüfen die Auditoren von EarthCheck die nachhaltige Entwicklung und die Einhaltung der Ziele.

Was haben Sie aus dem Einführungsprozess gelernt?

Umweltmanagement und nachhaltige Praktiken im Unternehmen umzusetzen ist nicht schwierig, wenn man einen kompetenten Partner als Unterstützung hat und sich jeder Mitarbeiter des Hotels beteiligt. Die grundlegende Verantwortung hierbei tragen wir als Geschäftsführung und sorgen dafür, dass in Zusammenarbeit mit dem EarthCheck Koordinator unser Engagement an alle Bereiche weitergegeben wird. Darüber hinaus sollte Nachhaltigkeit in die täglichen Arbeitsprozesse eingebunden werden, um eine kontinuierliche Verbesserung anstreben zu können. Durch die erfolgreiche Teilnahme an diesem Programm konnten wir erhebliche monetäre Einsparungen sowie eine verbesserte Außenwirkung erzielen und können nun einen fortlaufenden Wissenstransfer für unsere Mitarbeiter garantieren

*Mittel zur Dokumentation, Messung und Steuerung von Aktivitäten eines bestimmten Bereiches

Das Kranzbach mit besonderer Ökophilosophie.

Das Biohotel Chesa Valis hat si[...]
zum Ziel gesetzt, eine andere,
nachhaltige Wirtschaftsweise i[...]
seinen Unternehmen zu
verwirklichen.

NACHHALTIGKEIT – AUCH IN DER HOTELLERIE- UND GASTRONOMIEFORSCHUNG EIN GROSSES THEMA

Die vorangegangenen Blicke in die Praxis, Hilfestellungen bei der Umsetzung von erfolgreichen Nachhaltigkeitsstrategien und konkreten Handlungsempfehlungen bieten Hoteliers und Gastronomen wertvolle Unterstützung. Nun mag sich der Leser jedoch fragen, inwieweit die Wirksamkeit und Effizienz entsprechend geschilderter Maßnahmen bereits untersucht beziehungsweise erforscht ist. Oder ob Forschung auf diesem Gebiet überhaupt von Relevanz ist, handelt es sich doch beim Führen eines Hotels oder Restaurants häufig um operative Aufgaben. Doch im Hinblick auf die Entwicklung von effizienten Strategien und das tiefgreifende Verständnis von Gästebedürfnissen bietet die Forschung in der Tat kostbare Entscheidungshilfen. (K.H. Kang et al., 2010)

Allgemein lässt sich feststellen, dass die Forschung im Bereich der Nachhaltigkeit in Hotellerie und Gastronomie bisher nicht ausufernd, jedoch von hinreichender Bedeutung ist. Wie im Laufe des Buches beschrieben, legen viele Gäste in Hotellerie und Gastronomie Wert darauf, dass der entsprechende Betrieb nachhaltiges und verantwortungsvolles Handeln an den Tag legt; jedoch ist bis dato nur ein relativ geringer Anteil der Gäste auch tatsächlich bereit, dieses Handeln durch das Zahlen höherer Preise zu honorieren (Barber, 2014), so etwa Nachfrager von Themenhotels wie Baumhaushotels, wo das Bedürfnis nach Naturverbundenheit und Nachhaltigkeit erfolgreich gestillt wird. (Sloan et al., 2014) Die Global Online Environment and

Sustainability Survey aus dem Jahr 2011 konnte dieses Verhältnis auf 83 zu 22 Prozent beziffern. (Barber, 2014) Häufig sieht sich der Hotelier oder Gastronom zudem einem Zielkonflikt zwischen dem Wunsch des Gastes, während seines Aufenthalts gemäß der Betriebskategorie umsorgt und verwöhnt zu werden, und der gleichzeitigen Forderung nach umweltbewusstem Handeln ausgesetzt. (Barber, 2014) Doch nicht jeder Gast ist der Umwelt gegenüber in gleichem Maße rücksichtsvoll eingestellt, sondern es gibt zahlreiche verschiedene Ausprägungen der »Besorgnis« und des entsprechenden Willens, nachhaltig zu konsumieren. (Sirakaya-Turk et al., 2014) Des Weiteren differiert das Umweltbewusstsein eines Gastes im häuslichen Umfeld nicht selten erheblich von dem während des Hotelaufenthalts. (Baker et al., 2014; Barber, 2014) Eine »One size fits all«-Lösung existiert somit nicht; vielmehr gilt es, die Gäste ihrem Umweltbewusstsein entsprechend zu identifizieren und dann eine passende Segmentierung mit zielgruppengenauer Kommunikation vorzunehmen. (Barber, 2014)

Dass die Stakeholder eines Betriebs heutzutage vom Hotelier oder Gastronomen erwarten, ja sogar fordern, dieser solle seine Unternehmung im Sinne der Corporate Social Responsibility (CSR) führen, macht es zwingend erforderlich, entsprechende Strategien zu erarbeiten und deren Umsetzung zu gewährleisten und zu fördern, wenn man im Wettbewerb bestehen will. (Park et al., 2014) Doch inwieweit wirken

sich entsprechende Maßnahmen auf die Profitabilität eines Betriebs aus? Gerade in Zeiten wie diesen, in denen nicht nur der Druck durch die Anspruchsgruppen, sondern in gleichem Maße auch der finanzielle Druck immer mehr zunimmt, ist dies ein überlebenswichtiges Kriterium. Dieser bedeutsamen Frage gingen beispielsweise Forscher der amerikanischen Temple University (K.H. Kang et al., 2010) nach und fanden in ihrer Studie heraus, dass zwischen der Implementierung von CSR-Maßnahmen und der Profitabilität eines Unternehmens kein direkter Zusammenhang besteht. Dies mag ernüchternd klingen, doch gleichzeitig bewiesen sie einen positiven Zusammenhang zwischen nachhaltigem Handeln und dem Firmenwert eines Betriebes. Hodari, Sturman und AlShawi (2014) fanden in einer Studie hingegen einen positiven Zusammenhang zwischen der strategischen Einbeziehung von Nachhaltigkeitsaktivitäten und dem Betriebsergebnis. Des Weiteren führt die Erarbeitung und erfolgreiche Umsetzung einer Nachhaltigkeitsstrategie zu verbesserten Beziehungen zu den relevanten, insbesondere zu den lokalen Anspruchsgruppen und zu operativen Effizienzsteigerungen (Park et al., 2014). Die Verankerung nachhaltigen Handelns in der Unternehmensstrategie und -kultur ist zudem erfolgsversprechender als die Durchführung rein operativer Maßnahmen wie etwa im Bereich der Energieeinsparung oder der Müllreduktion (Hodari et al., 2014), wenngleich der Forscher Brodsky beispielsweise die Einsparungen durch Programme zum mehrmaligen Verwenden

Hotel Mondschein: ausgezeichnet für Umweltfreundlichkeit und Nachhaltigkeit im Tourismus.

Boutique Stadthalle Wien: Das Null-Energie-Hotel erzeugt seine Energie mit Solaranlage, Photovoltaikanlage, Wasser-Wärmepumpe und drei Windrädern selbst.

von Handtüchern oder Bettwäsche untersuchte und dabei darlegt, dass ein Hotel mit 100 Zimmern und einer durchschnittlichen Auslastung von 75 Prozent damit jährlich rund 20.000 € einsparen kann. (Park et al., 2014) Durch die Positionierung als nachhaltig agierender Betrieb kann sich der Hotelier oder Gastronom derzeit noch als Leader auf dem Gebiet der Nachhaltigkeit etablieren und sich so entscheidende Wettbewerbsvorteile verschaffen. Indem er durch »grüne Maßnahmen« die stetig wachsende Klientel, die für Umweltschutz empfänglich ist – eine kanadische Studie bezifferte dieses Wachstum bei Geschäftsreisenden im Zeitraum 2011/2012 mit 5 Prozentpunkten (Singal, 2014) – für sich gewinnt, loyalisiert er diese nicht nur, sondern profitiert von Weiterempfehlungen und positiver Mundpropaganda seiner begeisterten Gäste. (Barber, 2014)

Auch mit der entsprechenden Kommunikation nachhaltiger Handlungsstrategien in Hotellerie und Gastronomie beschäftigt sich die Forschung. Unabhängig von Branche und Thema gilt in der Interaktion mit Kunden oder Gästen der einfache und doch so wirksame Ausspruch: »Tue Gutes und sprich darüber.« Doch wie spricht man am wirkungsvollsten über gute Taten? Kim und Kim (2014) fanden heraus, dass es hierbei entscheidend auf die Art der Formulierung und die Glaubwürdigkeit der Quelle ankommt. Die Nachricht über die nachhaltigen Aktivitäten eines Hotel- oder Gastronomiebetriebes sollen den Gast nicht nur erreichen (was oftmals die

erste Hürde darstellt), sondern diesen auch davon überzeugen, die Maßnahmen eines Hotel oder Restaurants aktiv zu unterstützen und dabei Begeisterung zu empfinden. Am wirksamsten erweisen sich hierbei Botschaften, die dem Gast in positiver Weise mitteilen, welchen Nutzen an der Umwelt er durch sein aktives Unterstützen der nachhaltigen Maßnahmen eines Betriebs stiftet. Weniger effizient hingegen sind derart gestaltete Inhalte, die dem Gast die negativen Konsequenzen vor Augen führen, falls er nicht im Sinne der nachhaltigen Aktivitäten eines Betriebs handelt. (Kim und Kim, 2014) Eng mit der richtigen Kommunikation einher geht das Berichtswesen über die nachhaltigen Aktivitäten eines Hotel- oder Restaurantbetriebs. Stakeholder fordern heutzutage nicht nur nachhaltiges Handeln vom Unternehmer, sondern in gleichem Maßen erwarten sie Transparenz. (Krambia, Kapardis et al., 2014) So raten etwa die zypriotischen Forscher Krambia, Kapardis et al. (2014) dazu, die Kommunikation von Maßnahmen im Bereich der CSR um jährliche Nachhaltigkeitsberichte, Werbekampagnen oder das aktive Pflegen der Socia-Media-Kanäle zu erweitern. Dadurch verbessert sich nicht nur die Beziehung zu Gästen und lokalen Anspruchsgruppen, sondern dies kann auch in entscheidender Weise zu einer erfolgreichen Mitarbeiterbindung in Zeiten des Fachkräftemangels beitragen.

Um im heutigen Wettbewerb im Tourismus erfolgreich bestehen zu können,

ist nachhaltiges Handeln in Bezug auf Umwelt, Gesellschaft und Wirtschaft ein unabdingbarer Bestandteil von Unternehmensstrategien, um auch Nachhaltigkeit für die eigene Unternehmung langfristig gewährleisten zu können. Vielen Hoteliers und Gastronomen mag eine derartige strategische Ausrichtung noch als unsicheres Terrain erscheinen, wie etwa die Forscher Hodari, Sturman und AlShawi (2014) bei einer Befragung von 85 europäischen General Managern herausfanden. So bewerten nur rund 15 Prozent der Befragten die Analyse von möglichen neuen Regulierungen und die entsprechenden nötigen Anpassungen als unerlässlich. Etwa 25 Prozent der befragten General Manager messen dem Ergründen der Erwartungen von Investoren und Stakeholdern in Bezug auf Nachhaltigkeit eine entscheidende oder unerlässliche Priorität zu. Doch bieten genau derartige detaillierte Analysen und strategische Ausrichtungen Unternehmern die wertvolle Möglichkeit, zum Vorreiter und in der Folge zum Marktführer zu werden.

Die Forschung auf dem Gebiet der Nachhaltigkeit in Hotellerie und Gastronomie wird in den kommenden Jahren zu einem immer bedeutenderen Thema, und so kann deren interessiertes Verfolgen in großem Maße dazu beitragen, effektive, effiziente und zukunftsweisende (strategische) Entscheidungen für den eigenen Hospitality-Betrieb zu treffen.

San Giorgio Hotel

WAS NACHHALTIGKEIT AUCH NOCH BEDEUTET!

In einer Gesellschaft, in der mittlerweile viel Altes eher gegen Neues ausgetauscht als repariert wird, stellt sich die Frage, ob dieses »Wegwerfen« grundsätzlich die bessere zukünftige »Optimierungsrichtung« sein muss. Wahrscheinlich und zum Glück nicht. Auch außerhalb der klassischen Grandhotellerie wenden nicht wenige Betriebe viel Kraft auf, um Altes alt zu lassen. Kräfte in vielerlei Hinsicht: Widerstandskraft gegen Trends, Finanzkraft oder die Kraft, sich mit ihrem Produkt lukrativen Reiseveranstalterangeboten mit Preisdumping nicht zu beugen. Ihnen ist zu verdanken, dass Gäste während ihres Aufenthalts in längst vergangene Zeiten eintauchen, Geschichte erleben, sich an einem oftmals als »morbider Charme« betitelten Ambiente erfreuen oder ein abendliches Menü bestellen können, das in dieser Form schon vor 50 Jahren serviert wurde. In ausgelegten Gästebüchern sind vielfach Kommentare zu lesen, die den Gastgeber eindringlich ermahnen, ja nichts zu ändern, damit die Atmosphäre möglichst lange noch so konserviert wird, mag das Badezimmer auch mittlerweile noch so schlicht sein. So liegt es am Fingerspitzengefühl des Gastgebers, nur das zu ändern, was zu ändern ist, um dem Verstaubtsein entgegenzuwirken. Solche nachhaltigen Oasen mit Geist und Geschichte finden sich und werden vielfach als »Geheimtipps« kommuniziert. Beispiele hierfür sind das 3 Sterne Hotel San Giorgio in Lenno am Comer See (Italien), das benachbarte Restaurant Locanda Isola Comacina mit dem seit Jahren gleichen Menü, der Gasthof Hirzinger im bayerischen Söllhuben mit der alten Stube, das Hotel Ochsen in Überlingen oder das Hotel und Berghaus Val Sinestra im schweizerischen Sent.

Die Autoren

Prof. Dr. Burkhard von Freyberg (geb. 1973) ist geschäftsführender Gesellschafter des auf die Privathotellerie spezialisierten Beratungsunternehmens Zarges von Freyberg Hotel Consulting und Gesellschafter von Online Birds Hotel Marketing Solutions.

Neben einem hotelleriespezifischen Lehrauftrag an der Dualen Hochschule Baden-Württemberg in Ravensburg hat er seit März 2009 eine Professur für Hospitality Management an der Fakultät für Tourismus der Hochschule München inne.

Vor der Gründung des eigenen Unternehmens war er unter anderem mehrere Jahre bei der Treugast Solutions Group als Seniorberater tätig. Burkhard von Freyberg studierte Betriebswirtschaft an der Ludwig-Maximilians-Universität (München), Universität Regensburg und an der Harvard University (Boston). Davor absolvierte er eine Hotelfachlehre im Hotel Bayerischer Hof in München und arbeitete im elterlichen Gastronomiebetrieb. Er ist u.a. Herausgeber der Bücher »Hospitality Development« (2010), »Hospitality Controlling« (2014, 2. Aufl.) und »Hospitality Consulting« (2014, 2. Aufl.) sowie Autor der Bücher »ErfolgReich in der Privathotellerie« (2012) und »Erlebnisse schaffen in Hotellerie und Gastronomie« (2014).

Prof. Dr. Axel Gruner (geb. 1964), gelernter Koch, staatl. gepr. Hotelbetriebswirt und Dipl.-Betriebswirt hat seit November 2004 eine Professur für Hospitality Management an der Hochschule München, Fakultät für Tourismus.

Er verfügt über langjährige operative Erfahrung in der internationalen Hotellerie (u.a. Maritim Golf- & Sporthotel, Timmendorfer Strand; Hotel Europe, Killarney (Irland); Hyatt Regency Grand Cayman (British West Indies); Brenners Parkhotel, Baden-Baden; Hotel Océano, Teneriffa (Spanien)) sowie als Unternehmensberater, Coach, Trainer, Dozent und Aufsichtsratsvorsitzender des Rhön Park Hotel Resorts. Mit seinem Unternehmen [tourism consulting & training]

hat er sich auf die Begleitung von dienstleistungsspezifischen Erneuerungs- bzw. Innovationsprozessen spezialisiert.

Axel Gruner ist u.a. (Mit-)Herausgeber und Autor der Bücher »Management-Lexikon Hotellerie & Gastronomie« (2008), »Management-Ausbildung in der Hotellerie« (2010), »ErfolgReich in der Privathotellerie« (2012), »Hotelmanagement« (2013, 4. Aufl.) und »Erlebnisse schaffen in Hotellerie & Gastronomie« (2014).

Das betriebswirtschaftliche Studium absolvierte er an der Universität für Wirtschaft und Politik Hamburg sowie der Universidad de Alicante (Spanien). Die Promotion zum Dr. rer. soc. oec. erfolgte in Kooperation mit der Steigenberger Hotels AG sowie der Choice Hotels Germany GmbH am Zentrum für Tourismus und Dienstleistungswirtschaft der Leopold-Franzens-Universität Innsbruck (Österreich) mit einer umfassenden Arbeit über die Markenloyalität in der Hotellerie.

Manuel Hübschmann (geb. 1985) greift auf Arbeitserfahrungen in neun unterschiedlichen Privathotels sowie theoretisches Wissen durch ein Bachelorstudium am The King's College New York City sowie ein Masterstudium an der Hochschule München zurück. Gerade im Masterstudium hat er sich speziell mit dem Thema Nachhaltigkeitszertifizierungen auseinandergesetzt. Als CSR-Manager und freier Berater hat er in den letzten Jahren die Einführung von unterschiedlichen Nachhaltigkeitsmanagements betreut.

Manuel Hübschmann ist vom Gastgewerbe fasziniert, da es eine vielseitige Einsatz- und Weiterbildungsmöglichkeit für Mitarbeiter bietet und der Mensch immer im Zentrum steht. Sein Traum besteht darin, die Verantwortung der Hotellerie gegenüber Mitarbeiter und Gesellschaft bei der Entwicklungshilfe einzusetzen.

Zurzeit ist Manuel Hübschmann als freier Berater im Umweltmanagement sowie als Verkaufsdirektor und Teamcoach in Genf tätig und genießt mit seiner Frau den Ausblick über die französischen Alpen.

Günter Koschwitz, Managementberater und Geschäftsführer von TourCert, und **Katrin Falkner**, Umweltberaterin bei kate – Umwelt & Entwicklung (Autoren des Beitrags »Nachhaltiges Ressourcenmanagement«) arbeiten seit vielen Jahren in der Beratung und Zertifizierung von Hotelbetrieben.

Tourcent und **kate** sind spezialisiert auf CSR (Corporate Social Responsibility) im Tourismus und haben ihre Geschäftstelle in Stuttgart. Kate ist Gründungsgesellschafter der gemeinnützigen Zertifizierungsgesellschaft TourCert, die das CSR-Siegel für Nachhaltigkeit und Unternehmensverantwortung im Tourismus vergibt. Dazu müssen Unternehmen soziale und ökologische Anforderungen in ihrem Kerngeschäft erfüllen und werden regelmäßig von unabhängigen Gutachtern überprüft.

Jochen Oehler, Dipl.-Betriebswirt (Autor des Beitrags »Nachhaltiges Einkaufsmanagement«), ist Geschäftsführer der progros Einkaufsgesellschaft in Eschborn bei Frankfurt/Main. progros ist die größte Einkaufsberatung der Hotellerie und eine der führenden Einkaufsgesellschaften. Seit 2008 ist Jochen Oehler zudem Geschäftsführer von allinvos, einem Dienstleistungsunternehmen, das auf die Digitalisierung des Kreditorenmanagements in der Hotellerie spezialisiert ist. Seine Ausbildung zum Einzelhandelskaufmann absolvierte er bei der Kaufhausgruppe E. Breuninger in Stuttgart. Danach folgte eine dreijährige Tätigkeit als Filialleiter und -betreuer verschiedener Jeans- und Sportswearfilialen einer süddeutschen Unternehmensgruppe mit den Schwerpunkten Verkauf und Einkauf. Um sein kaufmännisches Wissen zu vertiefen, diplomierte Jochen Oehler zum Betriebswirt auf dem Gebiet Marketing und Vertrieb an der Hochschule für Wirtschaft und Gestaltung in Pforzheim. Zwischen 1992 und 1999 verantwortete er die Presse- und Öffentlichkeitsarbeit der Hotelkette Best Western in Deutschland, leitete deren zentrales Trainingsinstitut und war für die Akquisition neuer Hotels in Polen zuständig.

Celine Chang, Diplom-Psychologin, Dr. phil. (Autorin des Beitrags »Nachhaltiges Personalmanagement«), ist seit 2012 Professorin für Human Resources Management an der Hochschule für angewandte Wissenschaften München, Fakultät für Tourismus. Sie verfügt über umfassende praktische Erfahrungen in den verschiedenen Feldern des Personalmanagements. Neben Stationen bei Carl Zeiss und Randstad ist sie seit 2003 als HR-Beraterin und Trainerin mit den Schwerpunkten Personal- und Führungskräfteentwicklung, Change Management und Interkulturelle Kompetenz tätig. Vor Übernahme der Professur war sie zudem mehrere Jahre HR-Beraterin bei Deloitte Consulting. Zu ihren Kunden zählten namhafte große (Dax 30) und mittelständische Unternehmen der Industrie und Dienstleistungsbranche. Sie ist ausgebildeter systemischer Berater und Coach (ISB Wiesloch).

Quellenverzeichnis

BÜCHER

Allenspach, Marcel; Brechbühler, Andrea (2005): Stress am Arbeitsplatz. Theoretische Grundlagen, Ursachen, Folgen und Prävention. Bern.

Bruhn, Manfred (2010): Kommunikationspolitik, (6. Aufl.). München.

Collatz, Annelen; Gudat, Karin (2011): Work-Life-Balance. Göttingen.

Darren, Lee-Ross; Price, Josephine (2010): Human Resources and Tourism. Skills, Culture and Industry. Bristol.

Freyer, Walter (2007): Tourismus Marketing, (5. Aufl.). München.

Gardini, Marco A. (2009): Marketing-Management in der Hotellerie, (2. Aufl.). München.

Gruner, Axel; von Freyberg, Burkhard; Phebey, Katharina (2013): Erlebnisse schaffen in Hotellerie & Gastronomie. Stuttgart.

Krause, Diana E. (2010): Trends in der internationalen Personalauswahl. Göttingen.

Meffert, Heribert (2000): Marketing. Grundlagen marktorientierter Unternehmensführung, (9. Aufl.). Wiesbaden.

Pufé, Iris (2012): Nachhaltigkeit. Konstanz, München.

Sell, Axel (1994): Internationale Unternehmenskooperation. München.

Sloan, Philip; Legrand, Willy; Chen, Joseph S. (2013): Sustainability in the hospitality industry; Principles of sustainable operations, (2. Aufl.). Abingdon, New York.

Von Freyberg, Burkhard; Gruner, Axel; Lang, Marina (2012): ErfolgReich in der Privathotellerie. Stuttgart.

Weißenrieder, Jürgen; Kostel, Marijan (2005): Nachhaltiges Personalmanagement. Acht Instrumente zur systematischen Umsetzung. Wiesbaden.

BEITRÄGE IN SAMMELBÄNDEN

Thomas, Alexander (2005): Kultur und Kulturstandards. In: Thomas, Alexander; Kinast, Eva-Ulrike und Schroll-Machl, Sylvia (Hrsg.). Handbuch Interkulturelle Kommunikation und Kooperation. Band 1: Grundlagen und Praxisfelder, (2. Aufl.). Göttingen, S. 19–31.

WISSENSCHAFTLICHE BEITRÄGE (ONLINE / OFFLINE) UND STUDIEN

Baker, Melissa A.; Davis, Eric A.; Weaver, Pamela A. (2014): Eco-friendly Attitudes, Barriers to Participation, and Differences in Behavior at Green Hotels. Cornell Hospitality Quarterly, 55(1), S. 89–99

Barber, Nelson A. (2014): Profiling the Potential »Green« Hotel Guest: Who Are They and What Do They Want? Journal of Hospitality & Tourism Research, 38(3), S. 361–387

Bierwirth, Peter (2012): Ohne Mitarbeiter kein Hotel.

Aufgerufen am 10.4.2014, unter: *www.tophotel.de/management/human-resources/479-ohne-mitarbeiter-kein-hotel.html*

Busch, Christine (2008): Kooperation und Gesundheitsförderung für die Zielgruppe der An- und Ungelernten. Wirtschaftspsychologie, 2008/1, S. 13–19.

Deutscher Hotel- und Gaststättenverband (DEHOGA) (2013): DEHOGA Konjunkturumfrage Sommer 2013 – Ausblick Winter 2013/1. [report] p. 9.

Ehnert, Ines; Harry, Wes (2012): Recent Developments and Future Prospects on Sustainable HRM. Management revue, 23(2), S. 221–238.

European Commission (2012): Reference Document on Best Environmental Management Practice in the Tourism Sector. [report].

Gesellschaft für Konsumforschung (GfK) **Verein** (2014): Verantwortung beginnt im Betrieb. Aufgerufen am 18.05.2014, unter: *www.gfk-compact.com/index.php?article_id=152&clang=0.*

Herzog, Lizzy; Hobi, Anke; Luthe, Markus; Schumann, Marc; Warnecke, Tobias (2013): Hotelverband Deutschland (IHA): Hotelmarkt Deutschland 2013. Berlin.

Hodari, Demian; Sturman, Michael; AlShawi, Samrah (2014): Sustainability in the European Hotel Industry: Towards a Strategic Orientation. Bislang noch unveröffentlicht

Kang, Kyung Ho; Lee, Seoki; Huh, Chang (2010): Impacts of positive and negative corporate social responsibility activities on company performance in the hospitality industry. International Journal of Hospitality Management, 29, S. 72–82

Kim, Sung-Bum; Kim, Dae-Young (2014): The Effects of Message Framing and Source Credibility on Green Messages in Hotels. Cornell Hospitality Quarterly, 55(1), S. 64–75

Kramar, Robin (2014): Beyond strategic human resource management: is sustainable human resource management the next approach. The International Journal of Human Resource Management, 25 (8), S. 1069–1089.

Krambia Kapardis, Maria; Varnavas, Andreas; Neophytidou, Christina; Ioannou, George; Tyrimos, Achilleas (2014): Sustainability in the Global Hotel Industry: The Value of Reporting. Bislang noch unveröffentlicht

Linhard, Wolfgang (2013): »Ich bin reif für die Insel« – Soneva Fushi Resort. In: Gate to Travel 8/2013, S. 104–122.

Lintz, Bernhard (2012): Einen Schritt voraus – Accor setzt neue Maßstäbe in Sachen Nachhaltigkeit. In Top hotel, 10/2012, S. 98–100.

Lis, Bettina (2012): The Relevance of Corporate Social Responsibility for a Sustainable Human Resource Management: An Analysis of Organizational Attractiveness as a Determinant in Employee's Selection of a (Potential) Employer. Management revue, 23(2), S. 279–295.

McDonald's Deutschland Inc. (2013): McDonald's Corporate Responsibility Report 2012. München.

Meadows, Dennis L.; Meadows, Donella H.; Zahn, Erich K. O. und Milling, Peter (1972): Die Grenzen des Wachstums; Bericht des Club of Rome zur Lage der Menschheit. Stuttgart.

Österreichisches Ökologieinstitut (2001): Abfallvermeidung bei Veranstaltungen. [report] p. 87.

Park, Jeongdoo; Jeong Kim, Hyun; McCleary, Ken W. (2014): The Impact of Top Management's Environmental Attitudes on Hotel Companies' Environmental Management. Journal of Hospitality & Tourism Research 38(1), S. 95–115

Prognos AG (2011): Studie »Arbeitslandschaft 2030«. Eine Studie der Prognos AG im Auftrag der vbw – Vereinigung der Bayerischen Wirtschaft e. V. Aufgerufen am 21.05.2014, unter: *www.prognos.com/fileadmin/pdf/publikationsdaten-bank/110930_Neuauflage_Arbeitslandschaft_2030.pdf*

Rademaker, Maike (2010): Das Leben einer Hotel-Hunger-löhnerin. Aufgerufen am 22.05.2014, unter: *www.stern.de/wirtschaft/job/lohndumping-das-leben-einer-hotel-hungerloehne-rin-1578268.html*

Singal, Manisha (2014): The Link between Firm Financial Performance and Investment in Sustainability Initiatives. Cornell Hospitality Quarterly, 55(1), S. 19–30

Siemann, Christiane (2012): Corporate Social Responsibility. Das große Missverständnis. Personalwirtschaft, 08/2012, S. 18–21.

Sirakaya-Turc, Ercan; Baloglu, Seyhmus; Mercado, Haylee Uecker (2014): The Efficacy of Sustainability Values in Predicting Travelers' Choices for Sustainable Hospitality Businesses. Cornell Hospitality Quarterly, 55(1), S. 115–126

Sloan, Philip; Legrand, Willy; Kinski, Sonja (2014): The Restorative Power of Forests: The Tree House Hotel Pheno-mena in Germany. Bislang noch unveröffentlicht

Verlemann, Ilona; Kipker, Ines; Westermann, André; Chang, Celine und Gruner, Axel (2013): GVO-Studie. HR-Trends in Hotellerie & Gastronomie. Impulse für zukünfti-ges Personalmanagement. Osnabrück.

Zimmer, Peter (2011): Green Globe – mit grünem Zertifikat schwarze Zahlen schreiben. Hotelbau Journal, April 2011, S. 34.

WEBSEITEN(BERICHTE)

www.accor.com/en/sustainable-development.html. Aufgerufen am 01.05.2014

www.ahgz.de/hotelier/die-natur-zurueck-ins-spa-ho-len,200012209188.html. Aufgerufen am 15.05.2014.

www.ahgz.de/konzepte-und-management/das-gruene-hotelnetz-werk-waechst,200012204500.html?view=desktop. Aufgerufen am 15.05.2014.

www.ahgz.de/konzepte-und-management/fairtrade-ist-im-kom-men,200012208862.html. Aufgerufen am 05.02.2014.

www.ahgz.de/konzepte-und-management/gruene-denke-ist-der-ro-te-faden,200012180064.html. Aufgerufen am 15.05.2014.

www.ahgz.de/regional-und-lokal/hilton-faehrt-auf-der-oeko-schie-ne,200012154614.html. Aufgerufen am 15.05.2014.

www.ahgz.de/unternehmen/jeder-tropfen-was-ser-zaehlt,200012207772.html. Aufgerufen am 05.02.2014.

www.ahgz.de/unternehmen/maredo-schaltet-auf-oe-kostrom-um,200012210298.html. Aufgerufen am 01.05.2014.

www.ahgz.de/unternehmen/neues-netzwerk-fuer-gruene-ho-tels,200012198697.html. Aufgerufen am 20.05.2014.

www.ahgz.de/unternehmen/-rezidor-hotels-mit-green-key-zertifi-ziert,200012197479.html. Aufgerufen am 20.05.2014.

www.ahgz.de/unternehmen/westin-grand-berlin-motiviert-gaes-te-zum-umweltschutz,200012203411.html. Aufgerufen am 21.05.2014.

www.alpenhof.org/de/familotel-alpenhof.html. Aufgerufen am 02.05.2014.

www.biospherehotels.org. Aufgerufen am 15.03.2014.

www.btme.de. Aufgerufen am 15.03.2014.

www.dasKranzbach.de/de/das-kranzbach-ein-oeko-standort.html. Aufgerufen am 14.03.2014.

www.dersteirerhof.at/de/neu-naturpool-gartensaunen.html. Aufge-rufen am 01.05.2014.

www.die-privathoteliers.de. Aufgerufen am 15.03.2014.

www.dinzler.de/de/ueber_uns/kinderkrippe/. Aufgerufen am 05.02.2014.

www.dlg-verbraucher.info/de. Aufgerufen am 11.05.2014.

www.earthcheck.org. Aufgerufen am 15.03.2014.

www.ecolabel.eu. Aufgerufen am 15.03.2014.

www.emas.de. Aufgerufen am 15.03.2014.

www.europarl.europa.eu. Aufgerufen am 15.03.2014.

www.gastgeber-bayern.de/qualitaetssiegel/umweltsiegel. Aufgeru-fen am 15.03.2014.

www.greenglobe.com. Aufgerufen am 15.03.2014.

www.green.tripadvisor.de. Aufgerufen am 22.05.2014.

www.hoteldaniel.com. Aufgerufen am 10.10.2014

www.hotelforum.org/awards/blue-hotel-award.html. Aufgerufen am 09.05.2014.

www.hotelstadthalle.at/blog/vertikaler-garten/. Aufgerufen am 10.05.2014.

www.iso.org/iso/iso14000. Aufgerufen am 15.03.2014.

www.klima-hotels.de. Aufgerufen am 15.03.2014.

www.label-online.de. Aufgerufen am 15.03.2014.

www.monarchbadgoegging.com/hotel-bayern/nachhaltigkeit.html. Aufgerufen am 15.03.2014.

www.mondschein.com. Aufgerufen am 20.06.2014.

www.motel-one.com/uploads/media/PM_Eroeffnung_Motel_One_Bruessel.pdf. Aufgerufen am 14.05.2014.

www.pm-magazin.de/r/gutefrage/was-ist-glamping. Aufgerufen am 14.05.2014.

www.rhoenerlebnis.de/rhoen-philosophie. Aufgerufen am 14.05.2014.

www.sleepgreenhotels.com. Aufgerufen am 15.03.2014.

www. statista.com/statistik/daten/studie/70189/umfrage/nut-zer-von-facebook-in-deutschland-seit-2009/. Aufgerufen am 08.05.2014.

www.soneva.com/soneva/slow/environment. Aufgerufen am 09.05.2014.

www.starwoodhotels.com/corporate/about/citizenship/environment.html. Aufgerufen am 03.05.2014.

www.sustainabletravel.org. Aufgerufen am 15.03.2014.

www.tafel.de. Aufgerufen am 15.03.2014.

www.tourcert.org. Aufgerufen am 15.03.2014.

www.touristik-aktuell.de/nachrichten/reisebueros/news/da-tum/2013/02/27/gcb-und-evvc-nachhaltigkeitspreis/. Aufgerufen am 09.04.2014.

www.travelife.org. Aufgerufen am 15.03.2014.

www.umwelterziehung.de/projekte/GreenKey/index.html. Aufgerufen am 14.03.2014.

www.upstalsboom.de/urlaubsservice/fly-help/#submenu_anker. Aufgerufen am 11.05.2014.

www.upstalsboom.de/der-upstalsboom-weg. Aufgerufen am 10.10.2014.

www.vertraeglich-reisen.de/bio-urlaub/blaue-schwalbe-kriterien.php. Aufgerufen am 14.03.2014.

www.viabono.de. Aufgerufen am 15.03.2014.

www.virtuelles-wasser.de. Aufgerufen am 30.12.2013.

www.wartburghotel.arcona.de/kulinarik. Aufgerufen am 02.05.2014.

Bildnachweis

TITELBILD: © Treehotel / Brittas Pensionat, Sweden

INNEN: © 2011 Engadin St. Moritz Mountains – Daniel Gerber, S. 24 & 109 | © 2012 Engadin St. Moritz Mountains – Gian Giovanoli / kmu-fotografie.ch, S. 24 | © Andrey Kuzmin (fotolia), S. 119 | © anyaberkut (fotolia), S. 117 | © arcona HOTELS & RESORTS, Henrike Schunck, S. 55 | © Barbara Neumann / Krenzer, S. 48 | © Bergresort Werfenweng, S. 146 | © Bernhard Bergmann, S. 31 | © Biohotel Kenners LandLust, S. 138 | © bluebright (fotolia), S. 70 | © Boutiquehotel Stadthalle, S. 139 | © Carlson Rezidor Hotel Group, S. 80 | © Carlson Rezidor Hotel Group, S. 84 & 104 | © Cava & Hotel Mastinell, S. 20 | © Claudia Paulussen (fotolia), S. 128 | © Creativhotel Luise, S. 104 | © Creativhotel Luise, Ben Förtsch, S. 105 | © crosby street hotel, S. 8 | © Das Gut Wenghof, S. 146 | © Das Kranzbach, Krün, S. 22, 78, 12, 163, 164, 165 & 84 | © Der Wilhelmshof, S. 80, 82 & 141 | © Derag Livinghotels, S. 35 | © Design Hotels™, S. 46 & 47 (die Träumerei), 51 & 54 (Hotel Bachmair Weissach) | © Dinzler Kaffeerösterei AG, Irschenberg, S. 77 | © Dominik Asbach/laif, S. 147 | © Earth Check, S. 180 | © Embrace Hotelverbund, S. 59, & 60 | © Esther Hildebrandt (fotolia), S. 28 | © Explorer Hotels Entwicklungs GmbH, Fischen, S. 177 & 179 | © Fairmont Hotel San Francisco, S. 148 | © Fairmont Hotel Vier Jahreszeiten Hamburg, S. 15 | © Familotel AG, S. 136 & 137 | © ferkelraggae (fotolia), S. 92 | © GCB German Convention Bureau e. V., S. 148 | © Geisel Privathotels, München, S. 75, 108, 166 & 168 | © Georg Tappeiner photography, S. 140 | © Glamping Canonici di San Marco, Venedig, S. 53 | © Gräflicher Park Hotel & Spa, S. 108 | © Gran Hotel Bahía del Duque Resort, S. 106 | © gui yong niant (fotolia), S. 57 | © Gut Sonnenhausen, S. 142 | © Gutshof Ziegelhütte, S. 105 | © h368k742 (fotolia), S. 29 | © Harald Eisenberger, 2011, S. 36, 139 & 185 | © Heichelheimer Klosmanufaktur, S. 55 | © Hersha Hospitality Trust, S. 144 | © Holzhotel Forsthofalm, S. 150 | © Hotel Astoria, Canazei Italien, S. 103 | © Hotel Daniel Vienna, S. 61 & 130 | © Hotel Forsthofgut / Leogang, S. 49 | © Hotel Mondschein, Stuben am Arlberg, S. 25 & 185 | © Hotel San Giorgio, Lenno, S. 186 | © Hotel Val Sinestra, S. 187 | © RETTER Seminar Hotel Restaurant, Pöllauberg / Steiermark, S. 124 | © J Evans (fotolia), S. 29 | © Jerome Kelagopian, S. 17 | © Jessica Alice Hath, S. 180, 182 & 183 | © Laif, S. 31 | © Landhotel Struck, S. 105 | © lynea (fotolia), S. 70 | © Manuel Gomes da Costa, S. 21 | © michaeljung (fotolia), S. 72 | © MNStudio (fotolia), S. 72 | © Motel One, Brüssel, S. 45 | © Mövenpick Hotels & Resorts, S. 110 | © Naturhotel Chesa Valisa, S. 89 & 184 | © Naturresort Schindelbruch, S. 105 | © novro (fotolia), S. 29 | © pieropoma (fotolia), S. 26 | © psdesign1 (fotolia), S. 26 | © Raphael Hotel Wälderhaus, S. 140 | © Rhoen Park Aktiv Resort, Hausen-Roth, S. 13, 14, 154, 155 & 156 | © Robert Green, S. 17 | © Rocco Forte The Charles Hotel, S. 45 | © Sandat Glamping Tents, Bali, S. 53 | © Sandro Bruecklmeier, S. 19 | © Scandic Hotels, Stockholm, S. 88, 90, 109, 174, 175 & 176 | © Schillings Gasthof, Schaprode, S. 157, 158, 160, 161 & 162 | © Schindlerhof Klaus Kobjoll GmbH, S. 133, 134 & 135 | © Sheraton Hanoi Hotel, S. 103 | © The Monarch Hotel, S. 138 | © The Resort at Paws Up, S. 52 | © The Westin Grand Berlin, Mathias Hamel, S. 143 | © thingamajiggs (fotolia), S. 114 | © Thomas Glaubitz (fotolia), S. 38 & 57 | © Thomas Haberland, S. 108, 166, 167 & 172 | © Travelife LTD, S. 123 | © Upstalsboom Hotel + Freizeit GmbH & Co. KG, Emden, S. 58, 64, 68, 70, 71 & 74 | © vigilius mountain resort, Rafaela Pröll, S. 140 | © W Verbier, S. 60 | © warasit (fotolia), S. 28 | © WavebreakmediaMicro (fotolia), S. 28 & 70 | © Wellnesshotel Auerhahn, S. 48 | © Westin Grand Frankfurt, S. 144 | © White Kitchen, S. 183 | © www.menschel.com, S. 89 | © www.orange-foto.at, S. 139 | © www.sustainabletravel.org, S. 110 & 111

dfv′ Matthaes Verlag

ISBN 978-3-87515-096-4

Lektorat: Dr. Ulrike Strerath-Bolz, usb bücherbüro, Friedberg in Bayern
Satz und Gestaltung: die basis – Ideenwerk. Kommunikation. Design.
Repro: RGD plus Repro-Grafik-Design, Langen
© 2015 Matthaes Verlag GmbH, Stuttgart – Ein Unternehmen der dfv-Mediengruppe
Printed in Germany